Без заката

Нина Берберова

Без заката

© Bibliotech Press, 2022

ISNB: 978-1-63637-897-8

БЕЗ ЗАКАТА

Роман

I

Сам, закрыв глаза, лежал навзничь у самого края широкой, низкой кровати. Казалось, стоит ему сделать движение, и он мешком скатится на козью шкуру, постланную поверх красного бобрика: к седому, длинноволосому меху тянулась застывшая Самина рука, зажавшая револьвер, отброшенная выстрелом. Лицо Сама было спокойно и смотрело в потолок, и только черный пробитый висок (уже давно не сочившийся кровью) придавал волне рыжих волос и бледности веснушчатого лба что-то необычайно грустное.

Он был во фраке. Белая грудь все еще топорщилась и выпирала из жилета. Ноги были сдвинуты; обутые в легкие, лакированные туфли, они казались ногами спящего человека, наиболее живыми из всего Саминого тела. Левая рука была положена на грудь (вероятно, доктором, хотя почему тогда оставил он висеть правую?) — в левой руке искали Самин пульс, — и не нашли, конечно. И желтоватая, тоже веснушчатая с сильными пальцами настоящего (с детства) музыканта, с едва заметными медным пухом, кудряво уходившим под крахмал манжеты, лежала она, словно пошла слушать биение сердца, но не доползла, и задумалась, и вот — спит. Шум был за окном, утренний столичный шум, от которого, казалось, рука сейчас проснется и зашевелится, а за ней, под веками, шевельнутся глаза. Но трубный рев автомобилей не воскрешал этого одеревенелого лица. Холодный и страшный для живых и такой неудобный для администрации Гранд-Отеля покой смерти шел от Сама, от

1

тела, которое продолжало стыть, и скоро, несмотря на солнечный майский день, грозило стать ледяным.

Доктор, — полицейский врач с лысиной, укрытой волосами, — чиновник полиции, газетный проходимец с блокнотом в беспокойных руках и сдержанный, мускулистый господин, вызванный из американского посольства, — все побывали здесь, а между ними то и дело проносились лифтные мальчики, коридорные, горничные, служащие похоронного бюро. В полицию, в американское посольство, дали знать сразу, когда Сам, велевший разбудить себя в девять, не отворил на стук горничной, державшей в руках поднос с утренним завтраком и сперва осторожно постучавшей локтем. И тогда же, по телефону, из стеклянной будки, соединился портье с некой дамой, адрес которой и телефон были оставлены Самом на ночном столике. «Вас просят приехать, — сказал ей чужой голос, который показался слишком повелительным. — С вашим другом случилось несчастье». «Где? С кем?» — недоверчиво спросила дама, решив, что кто-то шутит и в душе испытывая брезгливую досаду. «С вашим другом в Гранд-Отеле». Молчание. «У меня нет друга в Гранд-Отеле, прошу оставить меня в покое». «Мадам, с господином Адлером…» Портье испытал мгновение жестокой радости попадания в цель: на другом конце проволоки кто-то замер. «Господин Адлер опасно болен. Он дал ваш адрес». Она ловила какие-то слова в ускользающей памяти. «Он давно в Париже?» — спросила она. «Два дня».

Эта дама — впрочем, больше похожая на молоденькую девушку, — теперь стояла молча, посреди просторного номера; дверь в ванную была открыта и там кто-то шаркал по каменному полу. В окне была видна площадь Оперы, начало Капуцинского бульвара, будто кто-то на экране окна пустил старую ленту кинематографа. Вот сейчас на паре белых лошадей, выкатит из-за угла Макс Линдер, стрельнет белками в проходящую красавицу, закроется от городового приподнятым цилиндром. Как это было давно! Кинематограф во дворе

2

невзрачного дома на Невском — не то Унион, не то Художественный, на полотне, в черном дожде потрескавшейся пленки, город площадей, арок и автомобилей, с профилем железной башни в клубящемся облаками небе Иль-де-Франса. И она, с Самом — в глубине черного зала, тайком от всех, в клятвенной тайне первого бегства из дому вдвоем…

И вот он лежит здесь, на этой кровати, с еще не выдернутым револьвером в костенеющей руке, еще вчера должно быть державшей смычок, а за окном — Париж, этот перекресток, впервые увиденный на экране лет десять тому назад, увиденный в тот вечер, когда шел снежок, искрились фонари, цветы за стеклом цветочного магазина обещали такую счастливую, такую огромную жизнь, в тот вечер, когда на нем была котиковая ушастая шапка, а на ней — серая шубка, слегка потертая ранцем на плечах.

Она стоит над ним и силится узнать в этом слишком мертвом лице те живые черты, которые до того, как она переступила порог этой комнаты, жили в ее воспоминаниях. Это похоже на то, как если бы она старалась наложить негатив на готовую фотографию так, чтобы они совпали, чтобы не осталось трещин, — белых и черных, — и это никак не удается ей, словно она это делает во сне. В руках она держит конверт, на котором написаны ее адрес, ее имя, руки ее в перчатках, и слезы, падая на них, ей не мешают и ее не рассеивают. Она смотрит на одетый во фрак труп, с которым была у нее в жизни целая долгая история их детства, без которого в будущем была пустота — это место никогда никем не может быть замещено, она думает о том, что кинематограф за окном продолжается, что жизнь продолжается, что надо бы позвонить домой, сказать, что она сейчас вернется, протелеграфировать Полине, Саминой сестре, куда-то в швейцарский горный рай, Полине, которая все представляется тоненькой, прелестной девушкой, какой была в Петербурге перед отъездом, и невозможно уверить себя, что она располнела, родила двух детей и дико ревнует своего толстого, пучеглазого мужа.

А сильней всего хочется ей вернуться домой, к Саминым письмам, потому что она теперь явственно вспомнила: там были намеки на то, что случилось, там были — не угрозы, не жалобы, но какие-то страшные, иронические о себе слова, от которых для него, оказывается, шел прямой, проторенный путь к смерти, а для нее они не имели никаких последствий, она скользила по ним, она забывала их. Он начал писать ей год тому назад, после того, как она оказалась за границей и они нашли друг друга. В эти годы, с тех пор, как они расстались, была заключена часть жизни — их обоих разная юность. Она была в Париже, он был в Америке. Дирижер филадельфийского симфонического оркестра покровительствовал ему. Однажды Сам прислал ей длинную газетную вырезку — отчет о первом своем концерте, потом несколько раз присылал фотографии: вот он во фраке, скрипка у плеча, смычок на отлете; вот он в купальном костюме, держит над головой огромный мяч (видно, какой он стал крепконогий); вот он над каким-то обрывом с товарищем (тоже русским, теперь музыкальным критиком) и двумя девушками. Одна из них положила ему руку на плечо. «Знаешь, я немного влюблен, — писал он, — в одну писклявую дурочку. Она носит такие бантики, что выдержать невозможно». Потом его ждали, он должен был осенью приехать в Европу, отец перед смертью хотел проститься с ним; но он не приехал и старого Адлера похоронили без него. Да, они ни разу не виделись за эти пять лет, но он не забыл ее: вчера он написал ей свое последнее письмо, которое она глотнула, едва войдя в комнату, и сейчас ей кажется, что это он еще не успел ей сказать, что она все это еще успела услышать, а не прочесть… Это утро. Приглушенный шум, как море, поднимается к окнам. Стеклянная люстра отвечает слабым звоном автомобильным гудкам, грохоту автобусов. Вера подходит к постели, и так как сесть некуда, — Сам лежит у края, — она садится рядом на стул, берет его руку и смотрит на него. Это лежит ее мертвое детство, ее мертвое прошлое, так внезапно и грустно возвращенное ей. От ее жизни отщепили кусок и кусок этот будут хоронить с еврейскими песнопениями, придавят его каменным пятикнижием, и раввин, тот же, который хоронил Саминого отца, скажет коротенькую речь о Саме, которого он не знал, но которого поместит в лоне Авраамовом, вместе с Исааком и Иаковом.

II

Дом когда-то был особняком. На фасаде, выходившем в старую, тихую улицу, была прибита доска: здесь жил и умер французский вельможа начала XVIII столетия. Теперь здесь были квартиры — огромные, холодные комнаты, с высокими потолками, с полукруглыми окнами, обшитые темным деревом, затянутым грубым шелком. Здесь нельзя было переставить зеркал — они были вделаны в простенки, нельзя было сдвинуть шкапа, дивана — все это давно вросло в пол, и когда хотелось перевесить картину или просто снять ее, отправить в чулан (портреты неизвестных, бонапартовых времен баталии), то оказывалось, что и это сделать невозможно, настолько выгорел стенной шелк. А под толстыми коврами скрывался черный, скрипучий паркет в щелях, и в солнечный день, в столб пыли у портьеры, было видно, как тяжело летит с кисти на кисть сытая моль.

Вера вошла и прислушалась.

Тихо было в доме и тихо за большими окнами, где продолжалось время. Запах старой пыли, двухсотлетней сырости, начинался уже на лестнице — широкой, витой, каменной, с огромной паутиной, висящей, как гамак, в пролете. Здесь в квартире много и подолгу отворяли окна (был больной) и все-таки пахло прошлым веком — от этого века Веру мутило. Впрочем, это был не прошлый век («пара и электричества»), а век позапрошлый, который дремал здесь в неуничижимом своем величии и обременительной прочности. На громоздкую вешалку Вера накинула шляпу и пальто. В квартире не было ни ребенка, ни животного, которые могли бы учуять ее приход. Она осторожно прошла к себе в комнату. С кухни донеслось пение прислуги.

Осторожно, так, чтобы в соседней комнате ничего не было слышно, она села к столу, выдвинула ящик. Отсюда она иногда прислушивалась к тому, что делается за стеной, за дверью, к шороху, к дыханию, — и теперь надо было сделать все, чтобы там не догадались об ее возвращении, не шуршать бумагами. Самины письма, его фотографии, даже та газетная вырезка — все было цело. В его телеграмме, полученной несколько дней назад, — «Буду в Париже в конце недели. Восемнадцатого концерт. Сообщу день и час приезда» — теперь сквозил обман, заранее обдуманное намерение. Вера вынула из сумки его сегодняшнее письмо и еще раз перечитала его:

«Верка, прости за беллетристику, но я стреляюсь не увидев тебя. Вероятно просто потому, что мне не особенно этого хочется. И хорошо. Жизнь обманула, вот в чем дело. Она победила (обманным образом), и я сдаюсь с честью, пока не поздно. Прощай!

В чем оправдываться? И перед кем? Перед тобой? Но ведь ты и так скажешь: не виновен. Слишком много было обещано. Как смогли столько мне обещать? Ведь были даны не только способности, была дана «гениальная болезнь», рассеянный взгляд… все, что нужно. А вырос молодой человек, способный… к скрипке? к коммерции? Все случайно.

Я не стал первым, и даже не стал вторым, а быть десятым не хочу. Я когда-то хотел быть самым лучшим. Люди, Бог, я сам — все уверяло, что я — особенный. А теперь мне все равно. Скучно. Хотелось того, что не удалось, а все, что давалось, было неинтересно. Устал. Ты скажешь: рано, еще нельзя судить, надо еще стараться. Отвечаю тебе на это: наоборот! Надо спешить, иначе потом не успею.

Верка, золотая моя, ты сейчас же дай знать Полине и дяде (адреса в моей записной книжке — выписывать лень). Гаднельман (мой приятель и импрессарио) и так придет. Ему сделаны необходимые распоряжения.

Если бы ты знала, какой соблазн сейчас (двенадцать часов ночи) выйти из Гранд-Отеля (опять беллетристика), взять автомобиль, примчаться к тебе, достучаться, дозвониться, расцеловать тебя, взглянуть на него, закричать: Как ты постарела! И услышать от тебя слабоватенькое, но милое, слово утешения… А впрочем — не так уж велик этот соблазн, иначе бы бросился, конечно. Остыл я, ко всему остыл, ко всем. И к тебе… Верка, прощай! Не хочу размякать душой, а то все продам, и отращу брюшко, и крашеной жене вечерами буду наигрывать романсы. Если есть что спасать, так только отчаяние свое.

Помнишь — пусть это сентиментально, но сейчас все позволено, даже разнюниться, помнишь, Верка, как мы с тобой, в Питере, у нас, иногда в сумерках лежали на какой-то шкуре, болтали, или молчали? Ведь это лучшее, что у меня в жизни было, клянусь тебе, да еще иголки в сердце перед первым публичным выступлением. А с бабами никогда ничего путного не выходило. У меня на всем теле веснушки и это наверное смешно. Кто знает, может быть и любовь — обман, такой же, как и жизнь вообще?

Помнишь ледяную гору в Таврическом? Помнишь вообще Россию, которая где-то есть, и может быть, тебе вернется, а мне — никогда. Помнишь ли себя, Верка, какая ты чудная была, некрасивая, толстая? Жизнь не стоит тебя. Ты, может быть, тоже когда-нибудь умрешь, как я. Только кому ты тогда напишешь свое последнее письмо, бедная моя? Неужели какому-нибудь кобелю, прохвосту, который тебя не стоит? Верка, Верка!

Как мне себя жаль, как мне тебя жаль. Как я люблю тебя, себя и всех. Но жизнь — это враг, это ватер клозет какой-то, это — надувательство. Черт с ней! Хорошо хоть, что есть кому в этой жизни «прощай» сказать, и «спасибо», и «прости» за всякие там беспокойства. Не плачь, милая, милая, милая моя! Не плачь…»

Она плакала, неслышно; глядя на нее со спины, никто бы ничего не заметил — ни рыданий, ни всхлипываний, она дышала, как все люди вовсе не умеющие плакать и никогда не плачущие, а слезы текли так сильно, что она не успевала утирать их, она роняла их вокруг: на стол, на себя, на ковер; она встала и пошла к дверям. Ей нужно было к кому-то пойти, кому-нибудь рассказать — и она пожалела, что в доме нет ребенка или животного. Все было тихо. За дверью, в спальне, тоже. На кухне Людмила возилась с завтраком. Внизу жила старая драматическая актриса с молодым любовником. На углу была мелочная лавка. Земляника. Яблоки. Дальше был город, в котором жили чужие и знакомые. Рассказывать о Саме было совершенно некому. Если бы здесь была собака, какой-нибудь пес — Дианка или Джек или как их еще зовут обыкновенно? Она бы села с ней куда-нибудь в угол — в темный угол — их много в квартире, рассказала бы о Саме, о себе, о том, как он появился в ее жизни и что это было. Никого. Она прокралась в гостиную, все продолжая капать слезами вокруг себя. В гостиной было всегда темно и всегда — даже летом — холодно. Из кухни доносилось какое-то танго, которое играли в ресторанах лет пятнадцать тому назад. Тихо. Как это говорится: «И не ударит Божий гром?» Нет, не так. Вот сюда она села бы, стала бы смотреть в пустой, громадный камин. Она даже представила себе, как бы начала свой рассказ. Она бы сказала:

«Он появился однажды, перед вечером…» — и так далее.

И это было бы приблизительно так.

III

Он появился в суховатый, морозный день, перед вечером. Воздух чисто и остро пахнул петербургской зимой.

Под деревьями, между черными стволами, где первый снег так и оставался лежать до первых дней весны, куда дети Таврического сада бегали прятаться или за маленьким делом, ничком лежал мальчик лет десяти и не плакал.

— Тебя запрут, — из жалостливого озорства крикнула Вера, не зная, кто это. — Пора домой!

Но мальчик не двинулся. В быстро падающем вечере была видна его отброшенная рука.

— Верочка, да ведь мальчик-то замерз! — воскликнула Настя и побежала, полетела по снегу, под деревья. — Мальчик, мальчик, Царица небесная! — красной, жесткой ладонью она вдруг забила его по щекам, потом схватила снегу и безжалостно растерла ему лицо. А кругом по прежнему не было ни няньки, никого.

Мальчик откачнулся в Настиных руках, открыл глаза, распустил рот и приготовился заплакать.

— Чей ты? — спросила Настя, комкая ему руки, нахлобучивая шапку. — Где живешь?

— Я — Сам, — сказал мальчик.

— Чего это ты «сам»? Где живешь? Ну!

Мальчик заплакал, пряча веснушчатое толстогубое лицо.

— Это его так зовут, что ли? — сказала Вера и сделала два шага к нему.

— А ты его знаешь?

— Нет, он чужой.

— Так надо поискать кого-нибудь, кто с ним, не один же он пришел, он богатенький, погляди на шубку; башлычок, ручки чистые. — Настя поволокла Сама к дорожке. — Да кто с тобой? Мадмазель? Какая? Да что ж ты такой слабоумный!

Вера медленно пошла за ними.

Однажды к ней в комнату залетел воробей. Была весна и растворили майковскую первую раму. Воробей, пометавшись по комнате, попался наконец в руки, и Вере дали погладить его теплую, твердую головку; потом он выпорхнул обратно в небо, и стало ясно, что он не вернется больше никогда, что его невозможно даже отличить от других таких же воробьев, тревожными стайками прилетающих на городской двор, что нельзя в жизни все знать, все иметь, всех любить и всему радоваться. И глядя вслед Насте, уводившей Сама по бугристой, натоптанной дорожке, Вера спрашивала себя, можно ли будет узнать и полюбить этого мальчика, и радоваться ему, можно ли будет сохранить его для себя одной?

Он был чужой, она до сих пор его в саду не видела; «свои» — это были дети с площадки, которые испокон веков были на «ты» друг с другом, менялись салазками и по двое бегали секретничать на мостик. Сам был мал для них, но то, что он оказался сегодня один в темнеющем снежном саду, придало ему вдруг таинственную, героическую прелесть — несмотря на его слезы, всхлипы и перепуганный вид. Его новенькие боты оставляли маленькие следы в лиловом снегу; раза два он по требованию Насти громко позвал кого-то, обращаясь к деревьям, к снежной тишине. В голосе его дребезжали слезы. А кругом не было никого, воздух искрился и молчал. И Вера шла и думала, какие у найденного мальчика рыжие волосы, до сих пор она думала, что рыжими бывают одни девочки…

Бережно обошли они весь этот угол сада, дошли до ледяных гор, до катка, где поздние катальщики, румяные растрепанные девочки и горлопаны-гимназисты сводили счеты на звонком льду катка.

— Я думаю, с ним дурнота была, — сказала Настя, оглянувшись на Веру. — Потому он ничего и сказать не может. Сторож его в участок отведет. — Мальчик шел все медленнее и начинал заметно дрожать.

Теперь все трое шли к выходу, к сторожевой будке, где на лавочке глухой и сонный, сидел сторож. Сторож Настю знал.

— Французинка, гувернантка, — ворчал сторож, — за детьми приглядеть не умеют. Коченеет, сыночек, ему бы тепленького испить. Адресок оставьте свой, Настасья Егоровна, берите его. Экой случай! Небось хватятся…

Но Настя побоялась уводить мальчика и тоже присела на лавочку: неужели так никто и не придет за Самом? Становилось темно и холодно, пора было запирать решетку. Мальчик дрожал все сильнее и было видно по его лицу, что не все еще слезы выплаканы.

Теперь все трое шли к выходу, к сторожевой будке, где на лавочке глухой и сонный, сидел сторож. Сторож Настю знал.

— Французинка, гувернантка, — ворчал сторож, — за детьми приглядеть не умеют. Коченеет, сыночек, ему бы тепленького испить. Адресок оставьте свой, Настасья Егоровна, берите его. Экой случай! Небось хватятся…

Но Настя побоялась уводить мальчика и тоже присела на лавочку: неужели так никто и не придет за Самом? Становилось темно и холодно, пора было запирать решетку. Мальчик дрожал все сильнее и было видно по его лицу, что не все еще слезы выплаканы.

Вера стояла поодаль, стараясь услышать о чем говорят, стараясь рассмотреть мальчика до последней пуговицы.

— Да как же ты улицы своей не знаешь? А еще мальчик! — укоряла Настя. — Эх ты, кавалер, на обратный манер!

Безжизненное лицо Сама на мгновение засветилось мыслью, потом он снова впал в прежнее свое безразличие. Только краска появилась в лице и придала ему надутый, напряженный вид.

— Позвольте вас пригласить к нам, — сказала Вера, подходя вприпрыжку. — А потом все устроится.

— Дура, — не разжимая зубов, выжал Сам, набравшись храбрости.

Но больше оставаться в саду было нельзя. Дорожки ушли в черный вечерний мрак, последними прошли подростки с катка, гремя коньками. Сад приготовился к ночи и одиночеству, а улица за воротами вся была в огнях, и пропало небо, откуда — из ничего — слетали иногда отдельные снежинки. Настя взяла Веру и Сама за руки и решительным шагом перевела их через мостовую. Сам был взят в плен, и Вера, косясь глазом, все время незаметно следила за ним. Так они шагали, и было беспокойно, было тоскливо, и сердце истекало неизвестностью и грустью.

На звонок открыла кухарка, и в переднюю, шурша канаусовой юбкой, вбежала мать: что так поздно? Чужой мальчик шагнул в переднюю и она удивилась, увидя мальчика.

«Он пойман!» — думала Вера. Надо осмотреть двери и окна, чтобы не выпустить его, оставить для себя, на память об этом синем, обыкновенном зимнем дне. Он станет жить здесь, и больше не будет пустой эта детская жизнь — только бы он не вспомнил, откуда он, с какой улицы, из какого дома. Это она нашла его и теперь оставит себе, и все отдаст за него: игры, и книги, и много обещанных радостей; этот рыжий мальчик станет ее собственностью.

А Настя говорила без умолку, и ахала кухарка, пока Сама раздевали и вели в столовую, прямо к горячему молоку, приготовленному для Веры. И Сам шел, как заведенный, опустив голову.

— Улицу, улицу помнишь? — спрашивала мать, подхватывая прядь светлых волос под гребень. — Да что же ты все молчишь, не бойся, не плачь, вспомни… Ах, Боже мой, что у него сейчас дома делается, воображаю. Мама есть у тебя?

— Есть, — сказал Сам и потянул носом.

— Фамилия твоя как? Как папу зовут? Вспомни, голубчик, милый, ну подумай, ведь ты совсем большой.

Опять какая-то мысль озарила Самино лицо. Он сделал усилие, задержал дыхание и, опрокинув чашку, заливая вокруг себя скатерть молоком, почти крикнул: «Адлер!» — и вдруг покатился смехом, звонко, чисто, будто звенел колокольчиком, и на мгновение замолк, и снова рассмеялся, и уже не мог остановить колокольчика: трезвон перешел в рыдание, в хохот, в долгую, громкую, истерику, во время которой он судорожно начал биться между стулом и столом, слезы текли у него по лицу, грудь в матроске разрывалась от плача. Его схватили, понесли куда-то, и там заметались, ища валерьянку, и найдя, осторожно покапали ею на кусок сахара.

Разгадка приблизилась, и Вера, стоя у кровати, на которую уложили мальчика, сдерживая слезы, смотрела на то, что происходит. У матери находились одно за другим нежные, странные слова, которые Вера, пораженная, слушала с тайным упоением. С ней говорили совсем иначе: во-первых, она была девочкой, и никто никогда не называл ее дружком, голубчиком и дурачком. Во-вторых, она никогда так страшно не плакала, никогда ничем не болела, и над ней, среди бела дня, никто не хлопотал, озабоченный и ласковый.

13

— Настя, телефонную книгу! — крикнула мать.

Разгадка приближалась. Вот еще немного и вещая книга выдаст все, Сам вернется в потерянный дом, и Вера останется одна, как прежде. И потому надо спешить. Пока мать листает страницы, Вера подходит к Саму и тихонько наклоняется над ним. Она проводит пальцами по его мокрому лицу, трогает губами его волосы и чувствует, что он пахнет знакомым, птичьим теплом.

— Адлер, Александр Семенович, Большая Дворянская, дом 21, — читает мать, нет, это должно быть гораздо ближе... Адлер, Альберт Григорьевич, корсетная мастерская — не похоже... Верочка, что же мы делать будем? Постой! Адлер, Борис Исаевич, присяжный поверенный и присяжный стряпчий... и на нашей улице, гляди! Дом номер 7 — напротив. А ну-ка, вставай, лежебока, может быть, ты дом узнаешь, а нет — в участок позвоним.

Отодвигают холодную тяжелую штору, на подоконнике искрится снег, и дышит холодом черное стекло. Там горит фонарь, люди идут по снежному тротуару. Сам неподвижно стоит с опухшими щеками и смотрит туда, где напротив — окно в окно — горит люстра в красном доме.

И тогда вдруг поднимаются заплаканные веки, круглятся зеленые глаза. Сам раскрывает рот и видно, что вместо молочного, выпавшего, уже растет у него сбоку тупой и сильный настоящий зуб. Он все вспомнил, он вздрагивает и обводит глазами комнату, он даже пытается объяснить, что с ним иногда бывают такие обмороки, после которых он забывает все. Он сразу делается почти взрослым. Скорей, скорей, звонить домой, маме, — он брызжет слюной в Веру, шаркает ногой то в одну сторону, то в другую, — благодарю вас, спасибо, пожалуйста, — других слов он не произносит, он просит простить его за беспокойство и наконец, бежит к телефону.

Вера остается одна, пока из столовой доносится Самин голос,

повзрослевший, уверенный и чистый: да, мамочка, нет, мамочка, хорошо, мамочка. Дом напротив, как корабль, причалил к Вериной пристани, кажется, что еще утром на месте его был пустырь — его выстроили в один час, населили людьми, о которых вдруг стало так много известно, и мальчик, из неведомой дали приплывший, оказался попросту соседом — и его ни приручить, ни удержать нельзя. Сейчас за ним придут и возьмут его.

В передней позвонили, и Вера выглянула туда. Там стоял невысокий, плотный господин в бобровой шубе, в золотом пенсне, распустив концы белого кашне по обеим сторонам груди. От него пахло свежими, крепкими духами. Он уже прижимал к себе и тискал Сама, на которого и мать и Настя старались натянуть шубу.

— Извините за беспокойство, и спасибо, спасибо от себя и от жены. Ах Господи, ну что за мальчик! С ним это бывает, но Вяжлинский сказал, что пройдет… Мадемуазель новая, по улицам искала его, топиться хотела в проруби. А мы — ну просто в отчаянии были, золотко мое! Вяжлинскому верю, как Богу. Крючком застегни, у воротника… Спасибо еще, и еще, от всего сердца спасибо.

Сам, довольный и уверенный в себе, вертелся перед Настей. Когда он подошел к Вере, он вдруг стал важен и отвел глаза в сторону — она была чуть выше его и чтобы взглянуть ей в лицо, ему надо было взглянуть вверх.

— Благодарю вас, — сказал он и поковырял варежку.

— Да. Вот как! — вздохнула Вера без улыбки.

— Приходите к нам в гости, — сказал Сам, внезапно решившись вскинуть глаза и багровея.

— Когда? Сейчас? — растерялась она от радости.

Он взглянул на отца.

— Проси завтра днем, к чаю с пирожными. Какая хорошая девочка. Ай, какая у ней косица!

В это время Сам потянулся к Вериному лицу и чиркнув мягким носом по ее щеке, поцеловал воздух около ее уха.

Она оставалась стоять, когда дверь захлопнулась, и мать, почему-то строго взглянув на нее, потушила в передней свет. Не было в мире такого замка, которым можно было бы удержать в доме чужого мальчика, не было такой силы, которая дала бы Вере возможность увести его к себе, посадить, сесть самой рядом и смотреть на него без конца, на его веснушки, на его матроску, и слушать его, и говорить ему все, что взбредет на ум, и гладить его. Он не понял, что такое Вера, и выдал себя, он не захотел жить на свете ради нее одной, и от всего этого страшного и необычайного приближения осталось одно: она могла теперь смотреть часами в окно через широкую зимнюю улицу, которая с этого вечера — как этот город, как мир, — стала тоже немножко ее собственностью.

IV

Приготовления начались с утра: была надета чистая рубашка, вышитая городками, и штаны, которые хрустели, как картон; самые тонкие (и все-таки толстые) рубчатые чулки, платье, отглаженное Настей, башмаки на пуговицах, которые скрипели и блестели так, что не заметить их было нельзя. Звонко выполоскав зубы, Вера несколько раз перевязала ленту в косе — на самом конце: коса выглядела длиннее, у затылка: Вера казалась взрослее. Перед самым выходом она решила почистить ногти, и сделала это чистым стальным пером. К зеркалу она подошла всего раз: посмотреть, чист ли нос? Она без зеркала прекрасно себя знала и высокого мнения о себе не была.

— Люди, которые нам не компания, — сказал отец, посмотрев на противоположную сторону улицы, где плыл, и сиял, и звучал Самин дом. Но это было сказано, конечно, о господине Адлере и его супруге — Сама отец не знал, как знала его она. И вот в столовой бьет три часа, Настя накидывает на голову платок, закрывающий ее до колен. Мать завязывает Вере капор, холодными нежными пальцами задевая ей лицо.

— Обратно придешь, когда почувствуешь, что надоела. Не позже половины шестого. Я буду стоять у окна и смотреть.

Вера летит вниз, потом по снегу через улицу, в подъезд. Швейцар запирает Веру и Настю в лифт; протяжно вздыхая, лифт поднимается. На площадке — зеленые лопасти искусственных растений. Тишина. Снег начинает валить за окнами — гуще, гуще…

Дверь открыла горничная, но не на горничную смотрела Вера, а на длинноногую особу в розовом платье, в черных локонах, с тонким, треугольным лицом. «И это тебе не компания», — подумала Вера: особе на вид было по крайней мере лет пятнадцать. Она тоже смотрела на Веру, но не здоровалась, и насмешливо поводила бровями. Перед тем, как позвонили, она надевала боты, и теперь, обув одну ногу, захромала в комнаты и бесцеремонно крикнула:

— Самуил! К тебе толстая девочка пришла.

Потом вернулась, равнодушно оделась, перетянулась пояском и, помахивая горностаевой муфтой, ушла одна, как взрослая — нарядная, стройная, холодная.

И тогда раздался топот по коридору. Он кинулся на Веру с какой-то смешной медвежьей прытью, нервно, но все-таки не совсем по-вчерашнему хохоча, потом бросился к Насте, красный, довольный, что и она тут, и потом отступил на шаг, любуясь, как старенькая мадемуазель в очках на крошечном носу, жмет Насте руку и благодарит за вчерашнее. И когда

17

Настя, смутясь до какого-то не во время оброненного смешка, убегает, он еще раз виснет на Вере. Она стоит, как столб, сияя от счастья, не зная, можно ли его обнять? И только когда в детской мадемуазель оставляет их (она заранее решила, что так будет лучше, что в этом «система») и они наконец одни, — Вера стискивает Самины плечи, и они хохоча валятся на диван — огромный, старый, похожий на обошедший три раза вокруг света плашкоут.

Они лежат поперек, свесив четыре довольно схожих ноги, смотрят в потолок и разговаривают.

Она все еще боялась, просыпаясь ночью и нынче утром, что не будет времени все рассказать о себе и услышать о нем: десять лет жизни врозь! Хорошо, что не двадцать, не тридцать. Она боялась, что не успеет околдовать его, как вчера не успела, что время, так медленно приближавшее ее к трем часам — хлынет потом водопадом и придется уйти домой, не досказав, не дослушав. Но как только они оказались одни в большой Саминой классной, и она почувствовала, что он лежит рядом, что вот его рука — с маленькими потными пальцами, вот — лицо, еще не до конца рассмотренное, но такое любимое, с пятном слившихся веснушек на скуле, с черненькой ноздрей, с глазом, смотрящим на нее весело и нежно — как только она почувствовала, что они вместе, она удивилась наплыву радостной уверенности, что все будет именно так, как ей мечталось. Больше всего ее удивляло и делало счастливой то, что огромные, круглые часы над их головами мерно и звучно тикали, никуда не срываясь, что Сам никуда от нее не бежал, что никто не входил и не указывал, что им делать. И все это в душе она называла счастьем, потому что оно длилось.

Сам начал издалека — от первых своих дней, когда он родился таким маленьким что его можно было рассмотреть только в лупу. Потом он вырос в вершок, потом в два вершка, потом в пять. Он рос от земли, как деревцо, только с ногами — он хорошо это помнит, и уверяет, что все люди — и Вера, конечно, тоже — растут от земли. «Не может быть!» — удивляется она.

— Неважно, откуда они выходят, — на всякий случай говорит Сам, намекая на мамин живот, — важно, что выходят они совсем малюсенькими так что их почти не видно, и потом быстро-быстро-быстро, в один месяц, вырастают в аршин, но начинаются все от земли.

— Не может быть! — повторяет Вера, вытаращив глаза, сколько возможно.

Да. И он хорошо помнит, как он был двух вершковым: его купали в полоскательнице, и однажды, гуляя между чашками по столу, он упал в варенье. Папа носил его в кармане фрака в суд, а спал он в ночной туфельке сестры Полины.

Вера глотает в горле хохот и говорит:

— Это, конечно, очень возможно, но наверное сказать этого нельзя.

И тогда Сам вскакивает с дивана и кричит:

— Да ведь это я все выдумал! Да ведь этого быть не может! — и счастливый кидается обратно.

Правда о его памяти состоит в том, что он вообще ничего не помнит, кроме музыки, да еще он может в уме множить цифры, но это доктор ему запретил. В детстве, когда ему было три года, он болел менингитом. Однажды, когда он выздоравливал (это было гулкой весной и вот это самое окошко было открыто), по улице шел полк солдат, тихо шаркая по мостовой; и вдруг сорок трубачей грянули военный марш. Говорят, он закричал так страшно, что у него пошла носом кровь. Потом с ним был обморок. Теперь обмороки бывают все реже.

Когда он рассказывал ей о своей болезни, он не оправдывался во вчерашнем, но и не хвастал загадочностью своей, а просто признавался в чем-то немножко неудобном и для него роковом. Вот и шкапик с лекарствами — собственными, его, — стоит тут же в классной. А это — книги, тоже собственные. А это — скрипка.

— Я — скрипач. А ты кто?

И Вера машинально отвечает ему:

— Я — никто.

Он продолжает свой рассказ. Она слушает жадно, ей кажется, что нельзя пропустить слова, что ему надо выговориться. Она поднимается на локте и долго смотрит на него, рассматривает его губастое лицо, которым он гримасничает в ее сторону. Она внимательно слушает и ей кажется, что вчерашнее ее колдовство над ним не пропало даром. Он будет принадлежать ей. Он будет принадлежать ей.

После чая в угол гостиной, образованный портьерой окна и портьерой двери, они натаскали подушечек со всей квартиры — кожаные, кабинетные, шелковые, будуарные, — взяли у живущей на покое нянюшки клетчатый платок, розовый коврик от Полининой постели, и утроили себе пещеру, сколов булавками и кнопками какие-то простыни, пледы и шторы. И когда кончили эту постройку, уселись в темноте усталые, довольные и молчали. И потом опять потекли слова — кто-то изредка проходил по комнате — мадемуазель, помощник Бориса Исаевича — оглядывал в их сторону, но не приближался и ни о чем не спрашивал. Над роялем горел канделябр — к ним едва проникал его свет. Становилось жарко. Рассказывала Вера. Самым удивительным было то, что она была нестерпимо, невероятно счастлива сидеть так и рассказывать. А он, маленький, сидевший почти на полу, подпершись обеими руками, слушал — и иногда было невтерпеж обоим от радостного клокотания в груди, и они заливались смехом, так, по неизвестному поводу.

Рассказ шел об отце, о матери, о дедушке, который с ними жил. Рассказ шел о последнем лете в деревне, о лошадях, коровах, собаках (Сам боялся животных и никогда не трогал). Потом о книгах, о мечтах, о многом. И после опять было молчание. Пока вдруг где-то близко, тонко и чисто, не пробило шесть часов.

Вера почувствовала, как у нее отнимаются ноги от ужаса. Она с трудом вскочила. «Куда? Уже? Ты только что пришла!»

— Мне попадет, — сказала она откровенно.

Но оказалось, что давно уже все улажено по телефону. Вера не вернется обедать и вечером тоже… Она, не он, была в плену.

Она теперь ходила по огромному кабинету Бориса Исаевича, садилась то в одно кресло, то в другое; шла в гостиную, где висели пестрые картины и над мраморной голой женщиной зажигался маленький рефлектор, бросавший белый свет на закинутые руки, и желтый полусвет на ковер, на голую женщину с противоположной стены смотрел Лев Толстой из черноты траурной рамы. Малиновый бархат тек по окнам, по креслам, мешаясь с пурпуровым атласом — по роялю, Вера плыла, она уплывала все дальше по огромным, нарядным комнатам, и было странно подходить к окнам, поднимать вышитый тюль и видеть — словно смотреть из окна в явь — все ту же улицу, над которой, — с той стороны, вон в том окне, — так долго жилось и мечталось о таком вот именно дне. Сам ходил за ней следом, стоял с ней рядом. Опять они забирались в угол, куда кто-то принес им тарелку с финиками. Они садились на подушки. Все продолжались рассказы. Дедушка был совсем старый и лицом похож на татарина; дедушка уже давно болел и мог скоро умереть.

— И я послежу, когда он умирать станет. Непременно. Я хочу узнать, как это бывает. Такой случай! Ты подумай! Я подсмотрю, я все узнаю.

— Что же ты узнаешь?

— Про то, как умирают.

— А когда это будет?

Они шептались.

Их за коврами не было ни видно, ни слышно. Когда Борис Исаевич вернулся домой, их позвали обедать.

— Где дети?! — спросил он, мелким и быстрым своим шагом пробегая по гостиной, и радуясь беспорядку.

— Про то, как умирают.

— А когда это будет?

Они шептались.

Их за коврами не было ни видно, ни слышно. Когда Борис Исаевич вернулся домой, их позвали обедать.

— Где дети?! — спросил он, мелким и быстрым своим шагом пробегая по гостиной, и радуясь беспорядку.

Они вышли из своей полутьмы. «А!» — закричал он и замахал руками. В руках были пакеты. «Здравствуйте, барышня. Ну как? Нравится вам у нас?» Из-за спины его вдруг выходят полное собрание сочинений Николая Васильевича Гоголя и пара сверкающих, холодных коньков. «Это — вам-с».

Праздник продолжался. Опять они были в столовой. К обеду были гости: известный певец, господин с длинной, черной и узкой бородой, никому не дававший сказать ни слова, какие-то дамы. Все сливалось для Веры в тумане: мадемуазель, и длиннолицый помощник, и Полина, — все сливалось, и только его лицо — с заговорщицкими, лукавыми, зелеными глазами было перед ней, красный вихор над лбом, дыра вместо зуба в улыбке, шепот: «Ты битые сливки любишь? Однажды я шваброй набил ванну сливок, просидел в ней всю ночь, а потом их съели…» И хохот в салфетку, и церемонный глоток из стакана — воды, разбавленные вином, — волшебный напиток!

Где она? Почему она здесь? Что с ее сердцем? Не оно — вся она клокочет и бьется незримо для других — сама в себе, — от дикого, чудесного, ощущения жизни. Заговор дружбы.

— По губам понимаешь? — тихо спрашивает она через стол.

Он кивает, глядя ей в рот. Горничная из-под его руки уносит недоеденного им рябчика.

— Заговор дружбы, — читает он у нее на губах.

— Наш пароль, — отвечает от так же. — Сделай что-нибудь, чтобы его закрепить.

Она кладет себе в рот корочку черного хлеба. Он делает то же. Вместе, одновременно, они проглатывают и понимают друг друга.

— Мама, я не хочу, чтобы она уходила, — говорит он после обеда.

— Она и не уйдет. Папа поведет вас в театр. Мы уже сговорились по телефону.

Как, еще? Мечется снег под фонарями, лошадь смирно подрагивает под синей сеткой, отстегнута полость. Борис Исаевич первый влезает, в бобрах и духах, втягивает за собой в сани Веру и Сама. Быстро подоткнута полость, вьется облако пара, мутнеют часы на поясе кучера. Вера ставит обе ноги (думая, что это скамеечка) на неподвижную ногу Бориса Исаевича. Она сидит в середине, спрятав руки. Сам валится на нее на поворотах — она чувствует его плотную тяжесть; он дышит на нее теплом, она жмурится. Лошадь рвет снег копытами; большая меховая рука Бориса Исаевича зажимает ее и Сама сзади. Кто у кого в плену, она у Сама или Сам у нее? Неизвестно. Только пусть это длится, потому что — счастье.

И это длится. Все дальше и дальше. Этому нет конца. Ветер режет лицо, в глазах сквозь слезы мечутся какие-то огни, рука зажимает обоих все крепче, все теплее. Борис Исаевич изредка покрякивает, у него индевеют усы и вместо пенсне на глазах — два снежных кома.

— Не холодно, золотки? — спрашивает он, но Вера не отвечает, а Сам не слышит. Ей кажется, что она летит по воздуху и громко поет — ей кажется, что сейчас она расколется и из нее, из груди ее, из полотняного на полотняных пуговицах лифчика, вылетит к Богу ее душа.

И в ту минуту, когда сердце готово разлететься вдребезги, внезапно отпускает рука за спиной, прекращается ветер. Они у подъезда театра.

V

Неужели это та же вода, — думала Вера, закручивая кран в ванной, — та же, которая в пруду, реке и море? Эта вода какая-то сделанная.

Ванна была готова, и Вера с опаской села в нее. Мать сейчас же со смехом выжала ей в лицо губку, и Вера, фыркая, легла в воду, воображая, что уплывающая от нее мочалка и есть тот чудесный необитаемый остров, на котором поселится большой палец ее правой ноги.

Ванная колонка продолжала гудеть от ветреного жара, и в красной ее меди плавился электрический свет, росистый пот стекал по стенам и в горячем пару Вера, закрывая глаза, облепляла себя мыльной пеной и терла, терла мочалкой до красноты свой живот. Потерла, смиренно подставив под синий кувшин все свои позвонки и выждав пока стечет вода, она вылезала, задыхаясь в накинутой на нее толстой простыне и с трудом, словно внезапно увеличившись в размере, натягивала чулки, теплое белье, коричневое свое платье.

Тогда вынималась из волос одна единственная огромная кривая шпилька, державшая все это время ее гладкую холодную косу, вытиралось розовое курносое лицо, и Вера, чуть поскрипывая высокими башмаками, с сонной слабостью в коленях, переходила к себе в комнату и утыкалась в книгу, а в ванной в это время метла, тряпка и щетка мыли и терли следы Вериных брызг, и, булькая, уходила в далекое и душное странствование все та же вода.

Потом, с грохотом приносилась из кухни новая вязанка березовых поленьев и снова начинался треск и гуденье — мать повязывала волосы платком, вынимала из-под капота сиреневый корсет с двумя чашечками для груди, и запиралась. Вера откладывала книгу.

— Мама, пусти.

Раздавался смех и плесканье.

— Я уже… я уже сижу.

— Почему ты опять заперлась?

— Чтобы ты не вошла.

— Почему?

— Потому что мне тебя стыдно.

— А летом, в море?

Смех, опять плесканье.

— Ну, в море это другое, там все голые, а тут я одна.

Вера пытается заглянуть в замочную скважину; там виден белый локоть, летающая вверх и вниз пенная мочалка.

Внезапно, что-то летит по воздуху и повисает на ручке двери. Ничего не видно. Это значит, что мать уже ступила на коврик маленькой своей ногой. И вот она начинает тихонько петь, и слышно, как что-то близко от Веры скрипит и дышит.

Она пахла, как пахли когда-то молодые женщины, никогда не употреблявшие ни духов, ни притираний, и носившие подкрахмаленное белье. На теле у нее не было ни единого волоска, не заметно было ни одной косточки; и без сиреневого корсета тело ее сохраняло форму амфоры. Самым неприличным считала она показывать ноги (когда на ветру загибалось платье), а на балы выезжала с оголенной грудью — такова была мода.

Вера становилась ей тяжела, но она все продолжала сажать ее к себе на колени, удивлялась, как мало похожа ее громоздкая дочь на нее. Они обнимались тогда сладко и длительно, прижимались друг к другу с нежностью, целовались долго и звонко, признавались друг другу в огромной, вечной любви.

— Да ты понимаешь ли, что это такое? — спрашивала мать, держа Веру близко подле себя. — Да ты понимаешь ли, что пока я жива, ты у меня как на ниточке: я всю тебя чувствую, я сны твои знаю, я всякую твою мысленку угадываю. Понимаешь ты это?

Вера кивала, верила этому и не верила. Ей казалось, что у матери душа сделана из топленого жемчуга и даже цветом похожа на него.

— Дедушка говорит, что у тебя женихи по всему свету раскиданы, — спрашивала она.

Мать принималась хохотать, розовела, ловила падающие из-под гребня волосы.

— А ты дедушке не верь.

Но на самом деле это так и было: четверым отказала она,

26

прежде чем выйти замуж, и эти четверо, один за другим, исчезли из ее жизни, неизвестно куда.

— А вдруг они найдутся?

— Ну так что ж!

Ах, как она произносила эти слова. Они приходили ей на уста нечасто, но зато, когда приходили, выдавали всю ее душу: такой, должно быть, была она когда-то, когда отказывала тем четверым. Такой, наверное, останется на всю жизнь.

Она пахла миндалем, а волосы ее — чем-то терпким, особенно только что вымытые, и тогда тем же терпким пахло и в ванной, и даже в комнатах, где она сушила свои длинные, волнистые пепельные пряди. Настя выплескивала в ведро мыльную пену из огромных узорных тазов, она наклонялась и гремели в ее руках кувшины, переставляемые на залитом водой блестящем полу.

И такой гладкостью и свежестью светился тогда — без единой морщинки, без единой заботы — материнский покатый лоб, что Вера вырывала из маленькой книжки матовый листик пудреной бумаги и вытирала ей лицо, чтобы не так смешно блестело.

Обнимались они обыкновенно в креслах, в спальне. Двоилось сердце между любовью ко всему миру и любовью к матери. Обыкновенно это бывало между вечером и ночью — и право неважно было, как люди называли этот час. Там, в окне, напротив, горела люстра — как каждый вечер, у Сама в классной на окне висел матерчатый петух — знак, что Сам дома. Отец читал в столовой. Дедушка иногда тащился к ним и молча сидел, смотрел на них и вздыхал, совсем старый, подорванный болезнью.

— Дедушка, — кричали ему в ухо (все звали его так, даже Настя), — что сегодня болит?

И он, улыбаясь, показывал то на неживые свои ноги, то на ревматические руки. Вера всегда ждала от него чего-то неожиданного — Бог весть почему! Однажды дедушка улыбнулся своей обычной улыбкой, да так и остался месяца на два — неподвижный, немой, с перекошенным ртом. Потом опять поднялся на свои скрипучие, отекшие ноги и пошел бродить. И все это — и смерть, которая вот-вот должна была дедушку осилить, — ничуть не казалось Вере ни мрачным, ни страшным: она считала это таким же естественным, как то, что сама она здорова, живет и будет жить долго.

Долго. То есть почти вечно. Снег, который она слизывала с обшлага, был пресен, как просфора, но солнце, в день неожиданно очень, очень длинный и светлый, жгуче растопило его. Оно топит все, топит город; веет ветром с моря; чавкает улица; слетает в воздух капель, и вот уже набухает Таврический сад водой, листвой, щебетом, и на мостках пахнет Фонтанкою, плесенью, Сам уверяет Венецией. Это — весна.

Сам был в Венеции, он был в Ницце, в Биарице, в Швейцарии: папа любит Италию, мама — Тироль, Полине нравится Франция. Но он забывал звучные, нарядные названия, где было столько и помнил то запахи, то погоду, то музыку: знаменитого скрипача в коротеньких штанишках (Париж), симфонические концерты (Вена); или еще свою болезнь — тяжкое следствие детской кори, которая пол-зимы продержала его с матерью в Берлине.

Бывали дни, когда он почти не мог говорить от непонятного мозгового утомления. Математика была ему запрещена. По утрам к нему приходил учитель, который в следующую затем зиму поселился у Адлеров, сменив мадемуазель. Предметы, которым учился Сам, были вне всякой классной программы, никаких экзаменов он никуда не держал. Учитель просто рассказывал ему всякие любопытные вещи, которые он или очень скоро забывал, или неузнаваемо в воображении переделывал: о людях, разных стран и разных времен, о жизни земли, о слонах, о звездах, о человеке, о русской политике. Два раза в неделю Сама возили на урок к Ауэру.

Труднее всего было для Веры привыкнуть к скрипке. Сначала она только удивлялась его игре, ничего в ней не слыша. Сам при ней играл впрочем довольно редко: в те часы, когда он занимался, она не приходила, вечером, когда у Адлеров бывали гости и Сам, по просьбе матери, играл, Веру не приглашали. По воскресеньям, когда она на целый день уходила к Адлерам, он иногда брался играть. В первое время она только поражалась беготне его пальцев по грифу, и силе и точности правой руки; однажды она услышала какую-то мелодию в том сложном и быстром, что он играл. Она ей очень понравилась, до сих пор музыка казалась ей делом слишком важным, чтобы быть делом душевным, ко всему, что было слишком душевным, Вера относилась с некоторым смущением: к цыганским романсам; к весьма печальным речам господина с узкой черной бородкой, бывавшего у Адлеров — речам о России, о Будущем, о Человечестве; к клятве в верности, данной ей одной знакомой девочкой — ненужной и смешной; к открытке, прикрепленной Настей в людской: господин и дама, сросшись лбами, опустили глаза, рассматривая цветок.

Но скрипкой душа ее была задета по иному: это было похоже на то, как налетали иногда стихи, как налетала молитва или просто — безымянный восторг при виде звезд в небе, цветов в поле. Говорить же об этом было нельзя.

Да и некому. Когда они сияли ночью над головой, когда из сада тянуло левкоем, долгим летом, Вера бывала одна — Сам не часто писал ей с берегов теплого моря, а она не очень-то умела выражать свои мысли на бумаге. Она ждала зимы, матерчатого петуха в окне, хитростью выкроенных из детских, туго набитых учением и чтением будней, переглядываний, знаков, телефонных разговоров (до полного онемения ушей), встреч. А пока, отложив книгу или задачник, она шла пускать змея в сад, куда приходили две девочки-двойняшки, считавшиеся почему-то ее подругами и жившие на соседней даче.

Летом она успевала разглядеть жизнь вокруг себя, зимой на это не было достаточно времени, жизнь сада, двора, поля. Летом она вырастала, менялась. И от всего было ей весело — и от приезда, и от отъезда, и от собственного роста, и от постоянного аппетита, и от ровного загара. Дня за два до отъезда в город она пошла с Настей в лес, вспомнив, как она сюда выбежала три месяца назад, в первый день приезда в деревню, как не могла вдосталь наглотаться этого воздуха, и как теперь, при мысли об отъезде она опять не знает: чему она рада? И все было хорошо: и дача, и Петербург, и лето, и осень, и последние астры на клумбе, которые срезали в последнюю минуту и которые подхватила мать, и извозчичья пара, куда усадили деда, и весь в мухах и плевках досчатый вокзал, окруженный хлебной и лесной сонью, куда налетел курьерский и скучные, невыспавшиеся пассажиры (вчера вечером — из Москвы), потеснившиеся, чтобы дать место дачникам.

Сквозь этот курьерский проходила Вера в зиму. С влажным буйством кружились в Таврическом листья, сухие сучья наводили тонкий узор на бесцветное, бледное небо. Теплый поток гольфштремного воздуха стынет, сыплется с шуб жирный нафталин, раскатывается потертый ковер. Пылает, стреляет искрами печка. И однажды, когда Вера возвращается из школы, она видит: в доме напротив моют окна, смывая с них мел и нарисованные Самом еще весной рожи; там снимают с окуклившейся люстры чехол. И через два дня Сам звонит у двери: как он худ, как дурно загорел, как невероятно резко и болезненно вырос!

Мимо громадных, как будки, старых шкапов, отправляются они в тесную Верину комнату, где, как и во всей квартире, пахнет слегка кухней и табаком, — и с этим ничего не поделаешь.

— Дедушка еще жив? — спрашивает Сам и садится к столу, заклеенному клякс-папиром, а она — на табуретку у окна, быстро окинув взглядом комнату: все ли в порядке? — постель под пикейным одеялом, умывальник с педалью, два портрета на стене: Пушкина и бабушки.

— Как хорошо, что ты вернулся! — говорит она. — Как хорошо, что осень. Пушкин тоже любил осень.

Он кладет локти на стол, глаза его делаются узкими и темнеют.

— Я буду держать экзамен в консерваторию, — говорит он. Экстерном. А Полина чуть замуж не вышла.

Вера всплескивает руками. В Самином напряженном и непохожем на правду рассказе Вера видит далекий берег, белые камни, пальмы в три обхвата, длинную красную лодку и шумное гнездо кричащих чаек в скале; Вера слышит ночную музыку в тесных переулках, вьющихся между мраморных отелей и дальше, тишину, где кончаются бедные, грязные, плоские, как тюремные стены, дома и начинается холмистая итальянская земля, все выше, все круче, все прохладнее: вот за тем поворотом необходимо запахнуться, а за следующим — повязать на шею шарф. Навстречу спускается осел, острыми копытцами нащупывая крутой щебень. Серебрятся оливковые рощи по обеим сторонам дороги, и вот льется золотое-золотое — девяносто шестой пробы, честное слово солдата! — золотое вино в толстые стаканы. И кипарисы недвижны на высокой горе, где, помнишь, Гектор Сервадак откололся с куском земли и полетел в пространство, у Жюля Верна.

Сам переставил ее вещи на стол, сломал тонко очинённый карандаш, поковырял будильник. Потом положил рыжую голову на стол, на Верины тетрадки, и вдруг заснул. Это бывало с ним. Господи, чего только с ним не бывало!

VI

Под Новый год, вечером, Вера осталась одна: отец и мать уехали в гости, оставив спальню в невообразимом беспорядке:

31

поперек кровати было брошено раскинувшее рукава старенькое материнское платье, поверх него в каком-то безобразном полете — отцовская куртка. Высокие, до последнего дня своей жизни нестоптанные, материнские сапожки валялись посреди комнаты, на них наступали — опять в том же азарте — отцовские сапоги; все ящики туалета были выдвинуты (она искала веер). Еще в передней продолжала она натягивать длинные лайковые перчатки, потом набросила на высокую прическу оренбургский тонкий, как кружево, платок, на плечи — поношенную, но все еще нарядную лисью ротонду и выбежала, все продолжая натягивать перчатки; отец заспешил за ней в новенькой фуражке, наставив барашковый воротник.

На той стороне улицы были гости.

Вера угадывала за тюлем Адлеровских окон Полину, черноватого гостя с бородкой и многих других, кого успела узнать у Адлеров. Среди гостей она иногда видела маленькую быструю тень Сама. У подъезда стояла вереница саней и несколько карет. Кучера наверное ничего не слышали из того, что делалось наверху: ни рояля, ни голосов. Но Вера слышала: звуки неслись сверху: там, в квартире доктора Бормана («не надейся, даже не родственник Жоржу»), шаркали, бегали грохотали, тренькали, восклицали, пели — словом, встречали теплой компанией Новый год. И не зачем было смотреть на часы или слушать — не пробьет ли в столовой двенадцать? — и без того было ясно: сперва опустели окна напротив — адлеровские гости перешли в столовую (сорок приборов, шесть лакеев, взятых напрокат); потом у Борманов что-то куда-то передвинулось; внезапно наступила минута тишины. Мигали фонари на улице, блестели звезды. И потом сразу грянуло наверху — поехали стулья. А-а-а — заревела разом дюжина голосов.

А дедушка лежал рядом и готовился умирать.

Умирал он уже месяца полтора — и жизнь вокруг текла своим

32

порядком, нельзя было ее остановить, да и зачем? Но сейчас он умирал всерьез. Прежде, чем лечь, Вера послушала у его двери.

— Егоза, голубушка, — услышала она его шепот, и сейчас же вошла, потому что это он так ее звал.

— Егоза, голубушка, — услышала она его шепот, и сейчас же вошла, потому что это он так ее звал.

— Егоза, голубушка, — больше ничего разобрать было нельзя.

Ей показалось, что он просит пить. Она поднесла ему стакан. Потом ей показалось, что он просит поднять повыше ноги.

А наверху все шумели заиграли польку, пошли в пляс. Хорошо, что дедушка был глух.

Он, медленно охая, пополз рукой в ее сторону.

— Заливает, — разобрала она. За ее спиной горела лампа, укрытая газетным листом. В комнате был старый и острый запах — лекарств, какой-то травы (которая почему-то хранилась в ночном шкапике), меховой дедушкиной шапки, которую он иногда надевал, лежа в постели. Веру начинало клонить ко сну. Она отсчитала двадцать капель из бутылки с шлейфообразным рецептом, и осторожно влила дедушке в рот. Он удивленно взглянул на нее, словно давно не видел.

— Егоза, матушка, сколько тебе? — спросил он, продолжая смотреть на нее.

— Мне двенадцать, дедушка.

— А.

Он закрыл глаза, вздохнул. Вздохнула и она, и вдруг увидела, что дед заслоняется от кого-то рукой и в лице у него молчаливый, недоуменный ужас.

Это был мгновенный сон и она открыла глаза.

— Ты что, дедушка? — но он тихонько дышал и не отвечал ей.

«Только бы не заснуть, — молилась она. — Сейчас это случится. Никого нет...» Ей не было страшно. «Можно позвонить по телефону, можно подняться к доктору Борману... Можно разбудить Настю... Не надо. Ничего не надо».

Глаза ее смыкались. Стараясь не скрипнуть дверью, она выходила, по холодной лестнице поднималась этажом выше. Распахивалась дверь. Гомон и музыка налетали на нее. «Доктора, пожалуйста», — говорила она, стараясь увидеть из прихожей (где пахло сдобью), что делается в комнатах. К ней выбегали какие-то люди (среди которых был и Сам), подхватывали ее мчались по коридору. Да ведь это адлеровская гостиная, адлеровские гости! И вдруг ее что-то ударяет в сердце: он здесь, он здесь, певец с бархатным лицом, с глазами, как два озера, с голосом, от которого... В первый раз она услышала его в Германе, потом в Фаусте. Он, конечно, не замечает ее. Ничего. Когда-нибудь, он ее заметит, он скажет: Полюбите меня, красавица, я все потерял, и жизнь, и голос. И она ответит ему: Я давно люблю вас, я буду любить вас вечно.

Она опять открыла глаза. Дедушка теперь лежал, приоткрыв рот, из которого сбоку, при каждом выдохе, все ниже спускалась выпавшая слюна. Вера вытерла ее углом простыни. Нет, к доктору Борману она не поднимется, но она позвонит туда, куда ушла мать. Только вот встать она не может. Дедушка цепко держит ее за руку. И ей кажется, что так цепко, как только возможно.

— Почитай-ка мне, егоза, матушка, — слышит она.

И она, преодолевая сопливость, тихонько, голосом, который то уходит в лепет, то вдруг восходит в звук, читает ему Отче Наш и чувствует, что спит, давно спит, крепко спит...

Ей не сказали потом, когда именно он перестал слушать и дышать: пока она сидела над ним или после того, как ее увели спать и мать осталась с дедом, не сняв даже своего серебристого, кружевного платья. Утром к Вере вошла Настя, поцеловала ее в голову и сказала, что «дедушка преставился». Она вскочила. Она думала, что будет, как в немецкой сказке: кто-то вломится в дом, остановит все часы, остудит все печки, запретит дышать… Ничего этого она не увидела. Солнце шло в окно косым приступом, с подоконника в комнату бежала вода. Было утро, январское утро, и в доме почему-то была такая тишина, как в церкви, когда рано, и батюшка еще только облачается у себя в алтаре.

VII

Уже на следующий год, первый год войны, Вера совершенно равнодушно научилась смотреть на певца с бархатным лицом, бывавшего у Адлеров. Он много ел, еще больше пил, у него был бумажник весь в монограммах и узорах, у него было множество брелоков, на одном из которых была какая-то надпись — но она отлюбовалась и им, и всеми его украшениями, и теперь куда больше ее занимала Полина.

И тут можно было уже не стесняться, а входить в комнату и застывать у двери, изредка переводя дыхание, смотреть на то, как вокруг тоненькой девушки, носящей всегда только одно розовое, что-то блещет, искрится и дрожит, как сама красота.

— Уйди, ты мне мешаешь.

Вера краснеет, наливается свинцом, застывает малиновая, в неестественной позе: носки башмаков — внутрь, шея ушла в плечи, руки, как два полена, отставлены от тела.

— Уйди, ты мне мешаешь.

Полина стрижет ногти и даже не поднимает головы. Но Вера отлипает от стены и делает несколько шагов. (Видно, как Полина подняла одну бровь).

— Одну минуточку, — говорит Вера, берет хрупкий длинный обрезок перламутрового Полинина ногтя со столика и примеряет к своим, как примеряют кольцо.

— Уйди, ты мне мешаешь, — говорит Полина в третий раз, и Вера так же осторожно, как вошла, выходит.

Потом проходит и это. Сердечные дела приходится отложить. Сам и Вера приходят к заключению, что для сердечных дел у них просто нет времени.

Четырнадцатый год, пятнадцатый год. Уходит то время, когда они, лежа у камина, в кабинете Бориса Исаевича, положив головы на голову медвежьей шкуры и смотря в огонь, как заправские мечтатели, говорили о том, что мир несомненно зеркален, что вселенная отражается в другой вселенной и где-то, на расстоянии миллиардов лет световых лет, существует такой же мальчик, как он, и такая же девочка, как она, и такая же девочка, как она, и так же дружат они и так же вот в эту самую минуту в таких же сумерках… Не может быть, чтобы человек был создан один, без своего отражения… Уходит это время. Теперь, с разгоряченным лицом, с сверкающими глазами, вытянувшаяся, похудевшая, необъяснимо подурневшая, она садится в угол дивана в классной (на месте парты — письменный стол, впрочем, совершенно ненужный — Сам никогда ничего не пишет), а он — верхом на стуле.

— Чужие страны. Вот ты видел чужие страны. Ну и что же? Люди всюду одни и те же — всюду гадость, ложь, разбой?

— Ну конечно. И пошлость.

Пятнадцатый год, шестнадцатый год. Они читали газеты. Все — от объявлений «вдова с пышной фигурой» до «отступили на заранее подготовленные позиции». Они про все узнали. И с постоянным неистовым любопытством шныряли теперь по книгам — дозволенным и недозволенным. Восточное полушарие по-прежнему висело над диваном, и Россия, разлатая Россия, была выкрашена на нем в зеленый цвет, но это был обман, потому что никакой зеленой России вовсе не было.

И то, что на каторге побывал великий русский писатель, и то, что в Петропавловске гниют и мрут самые смелые, самые сильные (так повелось лет девяносто тому назад), и то, что у «помазанника Божьего», который говорит «мы», такое неумное, вялое и примелькавшееся лицо — все будоражило их, и во всем — в шушукании прислуги, в разглагольствовании адлеровских гостей, в горячих подслушанных вне дома спорах, — они искали ответа на свои подозрения, касательно дикой и таинственной страны, которая закипала, колебалась у них под ногами, стараясь выплеснуться из зеленой сони деревьев, черным кружком обведенных городов, которая вопила, ревела все сильнее о нищете, темноте, бессмысленном своем скотстве, о детской смертности и коптящей лучине.

Сам смотрел вокруг себя сощуренными глазами, по прежнему выдумывал всякие истории, ничего не помнил, иногда метко и как-то по стариковски острил — худой, рыжий, пятнадцатилетний, он был теперь законченным музыкантом, ему пророчили упоительную славу. Обмороки его постепенно прошли, слезы тоже. Сонливость он все еще преодолевал. У Красивых Полининых подруг он с полуулыбкой, с бессмысленным блеском в глазах выкрадывал из сумок и карманов платки, перчатки, стремительно уносил их к себе и прятал под матрас, а утром, когда выходил на улицу, бросал — всегда с одного и того же моста — в Мойку, одним и тем же быстрым и брезгливым движением. Он выходил теперь один, хотя дома за него продолжали бояться; у него завелись кое-какие товарищи, музыкальная молодежь, среди которой он слыл талантливым, но уж очень самоуверенным и самолюбивым.

В ту весну, когда случилась революция, и Вере исполнилось шестнадцать лет, они полюбили шагать вечерами от Литейного моста к Громовской лесной бирже, пока было светло, то есть до полуночи. За Воскресенским перевозом набережная делалась пустынной и глухой, попадались патрули — неизвестно что охранявшие: Таврический дворец или Смольный. На обратном пути, уже ночью, подле развалин суда, все еще тянуло клейкою гарью. Небо никак не могло погаснуть и они никак не могли расстаться, наговориться, проститься. «Ты и я», «я и ты» слышалось прохожим. Она по прежнему была чуть выше его, юбки ее теперь значительно удлинились, но коса все еще была не убрана в прическу. Сам знал, что у нее половина жизни проходит где-то боком, вне его: гимназия, которую она скоро кончит, учителя, подруги — некая развязная, грудастая Шурка Венцова, пускавшая папиросный дым через ноздри, и черноглазая, нервная Шлейфер, с которыми он однажды встретился у Веры и очень с ними соскучился, и даже Верино будущее. Ничего этого он не знал и знать не стремился. У него самого было многое, чего Вера не касалась и, в частности — семейная паутина, о которой ему не хотелось с ней говорить. И если бы их обоих спросили: что же связывает их, почему они не могут прожить дня, чтобы не увидеться или не позвонить друг другу, то оба ответили бы, конечно, что это любовь, только не та любовь, необыкновенная, с привкусом Испании или Шотландии, не та, а эта, обыкновенная людская любовь, для него по силе «большая, чем к Полине», для нее «как к папе».

— Как? Ты любишь меня не больше его? — воскликнул отец, когда она ему в этом призналась, и слишком сильно сжал ей руку у плеча своими сухими крепкими пальцами. — Поди, поди сюда. Так это правда?

Глаза у него блестели, зубы блестели тоже, бороду и усы он брил — росли у они у него, как и у деда — по татарски, чернотцой обрамляя рот и подбородок.

— Да ведь он вырастет, женится на какой-нибудь евреечке, или за славу тебя отдаст, ты за какого-нибудь зайца, принца крови, выскочишь, — ведь от этой любви пыль останется, пыль. Ты об этом подумала?

И, кажется, он не шутил, он, кажется, говорил все это всерьез.

— А мы с тобой… Да нет, ты это лет через двадцать почувствуешь, когда стареть начнешь, когда твои дети надо мной в смертный час, как ты над дедушкой, вивисекцию устроят. Связь времен… Гамлета читала?

Она молча кивнула. Она чувствовала страх, смятение. Мастью она вышла в мать, чертами лица не напоминала ни одного из родителей, но что еще за всем этим в ней было? Впервые она почувствовала, что в ней течет и его кровь, а не только веселая, чистая кровь матери, и испугалась.

Она прижалась лицом к технологической тужурке и долго не хотела отрываться. Прямо в глаз ей смотрела пуговица.

VIII

Матери у Шурки Венцовой не было, отец ее был священником; товарищи брата с четырнадцати лет тискали ее по темным углам и учили дымить носом. В каждом классе бывают такие девицы — года на два, на три старше остальных, с третьего класса носящие прическу и груди, великие бесстыдницы и полировщицы ногтей. Шурка отличалась от этих второгодниц тем, что училась на золотую медаль, всегда все знала, и особенно отличалась по тригонометрии. И до того отчетливо и чисто хранилось у нее в голове все слышанное и прочитанное, что когда она кому-нибудь на перемене объясняла (физику, латынь), то ее понимали куда лучше учителя. Кроме учебников,

Шурка еще читала романы о любви и сама мечтала когда-нибудь писать такие романы.

— Бывает у тебя иногда такое беспредметное томление? — спрашивала она Веру, размякнув от рюмки портвейна, и глядя красивыми, круглыми глазами на свои ровные взрослые руки. — Так, ни о чем. Чего-то хочется… Рыдать…

— Нет, не бывает, — отвечала Вера, не понимая, о чем она спрашивает.

Шурка сидела сейчас же за Верой. Рядом с Верой сидела Шлейфер. Все три они поступили в один год и сели вместе. И как в первый день держались одна за другую, так это и осталось.

Первый их разговор был о Боге. Шлейфер знала совершенно твердо, что никакого Бога нет. У нее был дядя, который бежал из ссылки и теперь жил в Лондоне, полуслепой. Он всю жизнь писал и говорил, что Бога не существует. Он был марксист. Шлейфер тоже была марксистка. Она так волновалась, когда все это говорила, что начала сильно под конец заикаться, ее тонкие пальцы в чернилах теребили все, что ни попадалось, а близорукие, совершенно черные, как черные вишни, глаза, навыкате, словно покрытые какой-то радужной слюдой, вздрагивали и еще больше темнели.

— Если бы был бог, один класс не угнетал бы другой, — сказала она с дрожью в голосе и умолкла.

Шурке очень понравилось, как она это сказала:

— Бог, конечно, есть, — проговорила она веско. — Как же без Бога? Тогда все грабить, убивать начнут, ничего не сдержит, ничего не помешает… Помолись о чем-нибудь и увидишь: Бог, конечно, есть.

— Я молилась, — сказала Вера, и он у меня исполняет решительно все: и хорошее, и дурное.

Шурка посмотрела на Веру с ужасом.

— И дурное? Ты хуже нее!

— А о том что грабить и убивать начнут, так ведь уже давно начали.

— Экие бесстыжие девки! — сказала Шурка, глядя в карманное зеркальце.

Дружба эта, возникшая в гимназии, там и оставалась, дома у каждой было все по-своему: Шурка ходила в кинематограф, танцевала по субботам под граммофон, в воскресенье ходила в церковь, а после завтрака ездила в Обухово к крестной. Шлейфер жила у женатого брата, зубного врача, у которого были свои дети, и принять подруг ей было негде. Для Веры воскресенье было днем Сама. Попытка свести его с подругами не удалась: хуже всего чувствовала себя при этом сама Вера: она боялась за всех троих, боялась, что Шурка ляпнет про граммофон, что Шлейфер прочтет Саму нотацию, что Сам расскажет им одну из своих фантастических историй. Но было просто очень тоскливо.

— Он больной? Рахитик наверное? — спросила Шурка. — Ты с ним целуешься?

— Ты сошла с ума! Она моложе меня на одиннадцать месяцев.

— Какая ты все-таки жуткая дура! — удивилась Шурка и с нежностью ущипнула Веру за щеку.

Через несколько дней Шлейфер сообщила Вере, что Борис Исаевич — болтун, и что среди его же друзей-кадетов над ним смеются; что он не живет со своей женой, а живет с женой другого адвоката и многое в том же роде. Но Вера все простила Шлейфер, и больше никогда о Саме не упоминала. В этой жизни, веселой, трудовой, чудесной, он был, конечно, для нее самым чудесным, и в то же время — она поняла это, кажется, в первый день своего с ним знакомства — он был непереводим ни

41

на чей язык. И когда кто-нибудь хотел ей намекнуть, что она его сделала таким для себя, она отвечала (потому что теперь была уже совсем большой и обо всем нашла время подумать):

— Ну что же! Каким сделала, такой он и есть. Значит, повернулся ко мне, как подсолнечник, нужной стороной.

И это было особенно трогательно, принимая во внимание рыжую, веснушчатую Самину физиономию.

— Как ты представляешь себе: что можно вообразить самого великолепного на свете? — спрашивал он ее, сидя на террасе их дачи в Окуловке (было лето восемнадцатого года, Полина с матерью поселилась под Петербургом, в каком-то дорогом и скверном пансионе, Борис Исаевич был почему-то в Москве). — Ты можешь сказать, что есть самого прекрасного в мире, какое блаженство? — спрашивал он, качаясь на стуле и нюхая какой-то цветок, потом стебелек его, потом свои пальцы, растершие растение.

— Вероятно, рай, — вздыхала она.

— Пусть так. Тогда подумай, — только прошу без изворотов воображения…

— Ты сам — изворот чьего-то воображения.

— …представь: ты блаженствуешь. Времени не существует — как у рыб в аквариуме. Есть бесконечность восторга. Ты встретился со всеми, с кем хотелось, ты узрел Бога. И все-таки есть одно, чего у тебя нет и быть не может: нет предметов. Их там нет, не может оказаться, а как же без предметов? Ты только представь себе: ни скрипки, ни милого твоего платья, ни даже сводной картинки из детства нельзя будет захватить с собой. Но если я люблю именно предметы? Как мне там грустно будет! Боже мой, как грустно.

В то лето (последнее лето) он приехал на две недели, и в первый же вечер, когда под ноги ему молча и сильно кидалась собака, а

Вера, стояла на крыльце с медным подсвечником в руках и смотрела на задутую ветром свечу, он сказал, что дома «чуть с ума не сошел» от одиночества и беспорядка, а ехать к матери не мог потому что… ну, словом, обещал отцу не ехать, и точка.

Он жадно ужинал. Луна светила в окна. В углу стоял раз навсегда непоправимо расстроенный длинный рояль; в зеркало, в пол и — третьим своим воплощением — в отставленный подсвечник била луна. Они вышли в сад. Мерцал пруд, надрывалась ночная птица. Но Сам попросил отвести его в комнаты, и Вера тотчас спрятала от него польскую ночь и показала, где умыться, куда разложить вещи, на чем лечь.

На обратную дорогу ему дали денег — все рушилось, и вместе с Россией рушился лак и блеск адлеровской жизни.

«Мы скоро уедем на юг, заграницу, — писал он Вере из Петербурга. — У меня был недавно обморок (не было, как ты знаешь, два года). Приезжай, пожалуйста, поскорее. На мостовой за лето выросла трава и, представь, ваш швейцар завел козу, которая пасется…»

IX

Весь лак, весь блеск адлеровской жизни, упакованный в длинные ящики, выезжал из Петербурга. Борис Исаевич вернулся из Москвы и заторопил с отъездом. Это был серый день петербургского октября: новый стиль путался со старым, и некоторые бы сказали, вероятно — сентября.

Полина в разоренной розовой комнате, где на обоях жалко и грустно выглядели следы снятых фотографий, где ничего не осталось от нарядной кружевной Полининой постели, выдвигала ящички туалетного стола и то вытирала слезы, то пудрясь, дарила Вере полупустые флаконы и баночки неизвестного назначения:

— И духи, — говорила она нараспев и печально. — Дай руку. Правда, хорошо?

Вера нюхала руку, от которой шел неразборчивый запах какой-то смеси.

— И крем, — и она подставляла под Верин нос фарфоровую коробочку.

Но у Веры ничего не болело и она решительно не знала, что будет делать с кремом.

— И пудра, — и Полина вдруг обмахнула Верин нос большой лебяжьей пуховкой.

Вера схватила Полину за руку и прижала ее тонкие, пыльные пальцы к горячей своей щеке.

Полина в разоренной розовой комнате, где на обоях жалко и грустно выглядели следы снятых фотографий, где ничего не осталось от нарядной кружевной Полининой постели, выдвигала ящички туалетного стола и то вытирала слезы, то пудрясь, дарила Вере полупустые флаконы и баночки неизвестного назначения:

— И духи, — говорила она нараспев и печально. — Дай руку. Правда, хорошо?

Вера нюхала руку, от которой шел неразборчивый запах какой-то смеси.

— И крем, — и она подставляла под Верин нос фарфоровую коробочку.

Но у Веры ничего не болело и она решительно не знала, что будет делать с кремом.

44

— И пудра, — и Полина вдруг обмахнула Верин нос большой лебяжьей пуховкой.

Вера схватила Полину за руку и прижала ее тонкие, пыльные пальцы к горячей своей щеке.

Они уезжали. Полины, с которой она когда-то не сводила глаз от восхищения, здесь больше не будет и не будет никакого «здесь», потому что взорвана жизнь.

— Пора тебе пудриться. Пора тебе начать носить корсет, — говорила Полина, — и прическу. Ах, когда мы опять увидимся, ты будешь совсем большая.

— Не надо, Полина.

— У меня в твои годы была уже талия, а у тебя ножищи, как у унтера.

Вера отпустила Полинину руку и села в пыльное атласное кресло.

— Мне все равно, — сказала она рассеянно. — Я хочу, чтобы здесь опять повесили шторы, расставили твои безделушки. Пошутили и будет.

Она оперлась локтями о колени и опустила лицо в руки.

— Здесь скоро нечего будет есть, — сказала Полина голосом своей матери.

В коридоре, в соседних комнатах, ходили люди, увязывали последнее, осматривали шкафы и буфеты, перекликались о ключах, билетах, извозчиках. Становилось сумеречно. В окне собирался дождь.

Раньше здесь, от всех сорванных теперь занавесей, портретов, подушек, не было дела до погоды, до света: с полудня, зимой, зажигалась низкая лампа под лиловым бисерным абажуром, летом бывал полумрак. Как часто сидели здесь гости —

Полинины гости — молодые люди и подруги, не замечавшие Веру и дразнившие Сама будущим Крейслером. И когда Вера случайно попадала сюда, между столиками, уставленными вином и цветами, она сама себе казалась слоненком.

Она засматривала сюда из соседней маленькой гостиной, где сейчас вся бледно-зеленая мебель была сдвинута в угол, чтобы дать место извлеченным из недр адлеровской квартиры, позабытым, когда-то огромным проволочным блюдам — старым шляпам. Здесь в высохшем Самином террариуме, где когда-то жили черепахи, были сложены подлежащие уничтожению давние Самины игрушки, легкая косая картонка с елочными украшениями и даже — откуда и как уцелевшая? — заводная кукла Полины в платье девяностых годов, поднявшая растопыренные ручки к щекастому лицу.

В столовой, на отодвинутом столе, стояли остатки еды, окно во двор было открыто, кусок масла в бумажке качался, подвязанный к форточке; сундуки и корзины, нагроможденные посреди комнаты, мешали всем, кто проходил и каждый, чтобы не споткнуться о какой-то ящик, цеплялся теменем о чугунную люстру, которую выше поднять было невозможно.

В кабинете Борис Исаевич стоял у окна в пальто и смотрел во двор. Он только что самолично отвинтил с парадной двери медную доску со своей фамилией; Вера в ладонь собрала винты. Оба при этом молчали.

Кухарка — все, что осталось от адлеровской челяди — и плечистый дезертир, кухаркин кум и возлюбленный, уминали в буфетной громадный тюк с подушками. Вера вошла в классную, классной тоже не существовало больше, письменный стол, книги, все было куда-то вынесено, старый зеленый диван остался один — тот самый.

Вера взяла с подоконника карандаш, встала на стул у двери и под потолком, на шероховатых синих обоях написала: «В этой комнате Сам и Вера дружили! 1912–1918. Петербургское детство. Прощайте все…»

— Ну прощай, Верка, надо на вокзал, — сказал Сам, входя.

Он, однако, сел рядом с ней и минуту они молчали оба.

— Хорошо все-таки было здесь, — сказал Сам, взглядывая на нее. — Помнишь, как было иногда хорошо?

— Да, Сам.

— Может быть, никогда уже так хорошо не будет?

— Ну что ты! Этого не может быть.

— А вдруг. Ты только подумай: вдруг никогда, никогда не будет в жизни так чудесно.

— Не будет так, будет иначе. Он взял ее за руку.

— Не забудешь? — сказал он вдруг тихо.

— Нет, Сам.

— А через десять лет?

— И через десять.

— А через сто?

Она обняла его за шею и долго смотрела ему в лицо. Как он бледен, как худ и как близок к дороге!

— И через сто.

Он погладил ее пальцы.

— А вдруг никогда не увидимся, тогда что?

— Молчи, Сам, этого не может быть.

— Все может быть, Верка.

Он поднял ее руку и провел по своему лицу.

— Прощай, Верка, прощай, прощай... Нет, ничего не может быть безоблачнее, лучше того, что было.

— Не говори так.

— Ты пойми, что ведь у нас с тобой было совершенно замечательное.

Она почувствовала, что сейчас расплачется. Он прижался щекой к ее щеке.

— Ты пойми: все кончено. Ты пойми: никогда не повторится то, что было. Ты пойми, Верка: начинается жизнь.

— Да, да.

Он обнял ее голову и стал целовать ее слезы.

— И что будет с нами — неизвестно. Надо ехать... Не плачь, пожалуйста. Я хотел бы всю жизнь быть вместе с тобой.

— И я тоже, всю жизнь, Сам.

— И никого не надо больше, правда?

— Конечно, никого.

— Никого во всем мире. Ах, Верка, моя золотая рыбка! Прощай, Верка.

Она плакала, прижимаясь к нему, сжимая его руку обеими руками.

— Хорошо, что все это было, — говорил он. — Есть что увезти с собой, кроме канделябров и посуды. И ты теперь знаешь, и я знаю, что такое дружба.

— Да, Сам.

— И мы никому об этом не скажем. Пусть люди думают, что это невозможно, да?

— Да.

— А мы будем смеяться над ними и через десять лет, и через сто. И будем радоваться.

— Что было такое!

— Что было такое… Верка, — он вдруг изо всей силы обнял ее. Искры посыпались у нее из глаз от боли, и она почувствовала, что он плачет тоже.

— Сам! — крикнула Полина. — Пора.

— Ты плачешь, Сам?

— Нет, я не плачу.

— Нет, ты плачешь. Вот мы вместе плакали. Она отодвинулась от него.

— Может быть, ты мне дашь кусок косы? — спросил он.

— Это сентиментально.

— Знаешь что, перекрести меня. Она покраснела.

— Я ведь, ты знаешь, не очень-то верю… иногда, — сказала она неловко, но перекрестила его у переносицы. — Храни тебя Бог, помоги тебе Бог. Господи, если ты есть, сделай так, чтобы мы увиделись.

И она опять кинулась к нему.

— Сам, где же ты? — позвали издалека.

Вера встала.

— Так помни, что ты сказала: и через десять, и через сто…

— Да, да.

— И если я приду к тебе черт знает какой, безногий, паршивый…

— Ты будешь знаменитым музыкантом.

— …нищий, безносый…

— Какой ты дурак!

— Клянешься?

— Клянусь. А если я?

— Ты… подожди, не убегай. Ты, Верка, будь осторожна, будь… как бы это сказать… Боже мой, лучше было бы тебя взять с собою.

Она положила ему руки на плечи, он взял ее за локти.

— Прощай, — сказал Сам и поцеловал ее. — Почему я тебя раньше не целовал? Любишь меня?

— Да.

— А, как мне было хорошо с тобой!

Она вытащила его в переднюю. Дверь на лестницу была широко открыта: выносили вещи. Внизу стояли три извозчика с поднятыми верхами: дождь хлестал по лошадиным крупам, по клеенке колясок. Куда кто сел, Вера не видела, ее трясло, как в лихорадке, мигом намокло платье. И вот завертелись первые колеса.

— Жизнь моя, прощай. Помни меня! — прочла она на лице Сама.

— Прощай, и если навеки, то навеки, — ответила она еле слышно.

50

И вот вторая, а за ней третья коляска тронулись под проливным дождем на Николаевский вокзал. О, как вертелись колеса, как подпрыгивали кузова, как качались черные верхи, блестевшие траурным блеском!

X

Вера опомнилась. Перед ней был пустой камин, куда она смотрела, как в жестоком романе, сидя на стуле посреди этой гостиной, где когда-то проживал французский вельможа XVIII века. На черном экране камина была опущена лента этого детства, о котором так-таки некому было рассказать. Слезы высохли у нее на лице и оно слегка одеревенело.

— Наконец-то! — воскликнула Людмила, когда Вера вошла на кухню. — Куда это вы ходили? Тут без вас уж и слезы были, и крики, и капризы.

Ее быстрые, острые глаза обежали Верино лицо. И Вера в ответ будто в первый раз, внимательно посмотрела на нее.

Усталое, хмурое лицо, черные глаза. Расплакавшийся раз навсегда рот. Этой худой смуглой женщине давно — всегда — сорок лет. «Что же делать! — подумала Вера. — Может быть, где-нибудь раньше она бы сошла за красавицу, не ее вина, что в Париже, в двадцатых годах вышли из моды такие лица; усики, сросшиеся брови, жгучий взгляд, нос с горбинкой. Теперь в моде курносые, большеротые, круглолицые. Что делать…» — Удивительно, как совершенно ни во что теперь ценится женский плач — не дороже китового уса или страусового пера. Этот товар просто никому не нужен, — сказала сама Людмила однажды.

51

— Откуда вы это взяли? — спросил тогда задумчиво Александр Альбертович. — Какие глупости!

Но Людмила твердо стояла на своем. Года три тому назад ее бросил муж, прожив с ней восемнадцать лет. Мужа ее, когда о нем заходил разговор, всегда почему-то жалели.

— Куда это вы ходили? — спросила она опять. — Мне иногда кажется, что вы так уходите неизвестно куда, что вы и не вернетесь больше.

Вера улыбнулась широкой улыбкой.

— Если я не вернусь, то вы непременно — и очень скоро выйдете замуж за Александра Альбертовича. Только я вернусь.

Людмила засверкала глазами.

— Как вам не стыдно! Как вам не стыдно так меня пугать. Я вас с полицией верну.

— Да я же говорю, что уходить никуда не собираюсь, — опять улыбнулась Вера. — Мне и здесь хорошо.

— Это неправда.

Вера присела у двери.

— У меня умер друг детства, — сказала она, опустив глаза. — Он покончил с собой.

Людмила молчала.

— Я его с Петербурга не видела, мы были очень дружны. Он вспомнил обо мне.

Молчание. «Надо поскорее, а то она не успеет».

— Он скрипач, он приехал в Париж из Америки.

— Вера! — крикнул Александр Альбертович из спальни.

— Он повесился? — спросила Людмила жадно.

— Нет, он застрелился.

— Вера, — снова крикнул Александр Альбертович и она вскочила. — Что же ты не идешь? Да где же ты? Где была? С кем? Гуляла? А мне ничего не сказала. Бросила... А я проснулся, тебя нет, двенадцатый час. Людмила говорит: не знаю. Я кашлял сильно. Вот, — и он протянул Вере фаянсовый тазик с мокротой.

Она посмотрела на тазик, на него.

— Пожалуйста, не волнуйтесь, дорогой, милый, — и она, взяв его за плечи, заставила лечь обратно в постель. — Ничего не случилось. — Нет, она все еще не может молчать. — Случилось одно горе, не пугайтесь, не у вас, у меня. Помните, я вам когда-то говорила про Адлера.

— Ну хорошо, вот про Адлера. Расскажешь мне сейчас. А я совсем болен. Я кашлял. И я разбил градусник, я уронил его.

Она послала Людмилу за градусником в аптеку, помогла ему умыться, оправила постель. И принесла из кухни бульон и овсянку. Фаянсовый тазик она вынесла сама. — Людмиле он не позволял приближаться.

Ему было тридцать лет. Глаза его были огромны и совершенно лишены жизни — будто глаза слепого от рождения; невозможно было поверить, что он смотрит ими. Было похоже, что он ими слушает. На тонком длинном лице они были как два светлых пятна, и в их громадности и прозрачности было что-то вместе, и женственное, и мертвое. Он был худ, как призрак и красив, как те больные и, вероятно, безумные дети короля Эдуарда, которые изображены в кружевах и бархате на известной картине Деляроша. После бульона и овсянки он закашлялся и выплюнул кровь. Вера тепло укрыла его и отворила окно.

— Мои ножки, — пробормотал он, задремывая. Она принесла ему грелку.

И тогда потекли часы — часы ее жизни. Их было много, этих часов. Наведя глянец на кухонный кран, уходила Людмила. На дворе был май, был декабрь, — но Вера ведь все любила, так раз навсегда ей вздумалось отнестись к жизни. И не все ли равно, какая на дворе погода, и кто здесь, рядом с ней, и что ждет ее за срывом вон того глубоко сидящего календарного листика, когда она любила все, любила всех.

— «Ты все понимаешь». — «Ты всем нравишься». — «Ты всегда всем довольна», — говорили ей. Но продолжим, продолжим (просыпаясь ночью твердила она в страхе), продолжим еще эту преступную, эту железную любовь к жизни, другого ведь ничего у нас нет, одна она не уйдет, не изменит, умрет с нами вместе… И мертвою зыбью качалось за окнами этого дома время.

«А за окном цветочного магазина цветы обещали такую огромную, такую счастливую жизнь…»

Откуда это?

Это она сама сочинила в тот день, когда стояла над Саминым телом. Это было год тому назад, нет больше. Помнится, Полина приехала (одна — без мужа, без детей), помнится, они вместе ходили подготавливать мадам Адлер в больницу для нервно больных; на похоронах было так мало народу. Это было, кажется, весной. Не той, предыдущей. А сейчас — декабрь.

Это было полтора года тому назад.

Людмила полощет белье, Александр Альбертович смотрит огромными, полными слез глазами; Вера стоит посреди комнаты с фаянсовым тазиком в руках.

XI

Вера старалась вспомнить, когда именно к ней пришло впервые желание его смерти? Она припоминала свою жизнь с Александром Альбертовичем — три года. Она пытала свою память. Прошлый год: все было то же, и это желание в ней уже было; позапрошлый — когда он еще иногда вставал, иногда ходил; и год до этого — год Давоса, которого он не выдержал, не захотел, из которого бежал. Это, вероятно, было между первым и вторым его плевритом — через месяц после приезда из России; она тогда почувствовала, что хочет, чтобы он умер. Нет, это, может быть, было еще раньше, еще до отъезда, когда он был здоров. Она рыщет по последним петербургским месяцам. Он никогда не был здоров. И тут ей вспоминается венчание с ним в церкви, и она перестает вспоминать, думать, ворошить свою жизнь.

Он теперь дремлет весь день, и ему уже мало что надо. Доктор приходит все реже. Людмила требует, чтобы Вера взяла себе в помощь сиделку. Но посторонние люди Вере мешают.

— Единственно, кого я сейчас терплю, это вас, — отвечает она Людмиле, и то только потому, что вы вовремя уходите.

— Неужели вам не страшно? — спрашивает та, еще потемневшая, еще заострившаяся за эти годы. — Я все жду, когда вам станет страшно, тогда я перевезу свои вещи и перееду.

— Пока не надо, — отвечает Вера и смотрит в окно: оно раскрыто настежь — днем и ночью. На дворе… полагается быть зиме. Но зимы нет.

— Ложная весна, — говорит доктор, — как бывает ложная грудная жаба. В декабре месяце очень удивительно. Для туберкулезных — зарез.

Теплый дождь журчит днем и ночью по водосточным трубам, веет мягкий, тяжелый, сонный ветер; светает в десять часов утра, а в два уже горит в домах свет. Говорят, где-то на бульваре распускаются каштаны. Иногда ночью гремит и грохочет по крышам настоящая весенняя буря, ударяясь в прохожего сорванной вывеской, звенит разбитыми стеклами, рвет каменную трубу. К утру стихает. Облака лежат над городом; Сена, вздувшись, медленно уносит с набережной кирпич, песок, сторожевую будку.

С недавних пор Вера каждый день начала выходить к Сене и гулять по набережным: так велел доктор.

— Я понимаю, я все понимаю: героизм, любовь, жертва. Но час в день моциона — очень нужен. Вполне необходим для молодой женщины. Вы — молодая женщина.

«Я — молодая женщина, — повторила она про себя. — Черт знает, как это глупо звучит! Что за дурак!»

Но однажды она послушалась и вышла, просто так, ни за чем, вышла перед завтраком, в дождевике и толстых башмаках. Она ходила полтора часа, перешла на другой берег, зашла в Тюильри, и так было непривычно двигаться, дышать сладким, нежным воздухом, что вернулась она домой, словно выпив чего-то крепкого, и глаза у нее блестели, и горело лицо. Полтора часа! Александр Альбертович до вечера не говорил с ней, и только вечером сказал, что простил и забыл. И пусть она завтра опять выйдет.

Теперь у нее было две жизни. Первая была все та же, все тут же, с Людмилой, доктором и им, которого поздно было куда бы то ни было везти, которого незачем было уже лечить, который становился призрачно страшен в сумерках (а теперь всегда были сумерки) — два глаза смотрели из глубины комнаты на нее, на шприц с камфарой. Лечили не самую болезнь, а какие-то связанные с ней боли: пролежни, спазмы, кровотечения. И не стыдно было бы признаться первому встречному, что она

56

хочет и ждет его смерти. Но когда началось это, когда? Неужели она не уследила? Это вкралось в ее жизнь, как вкрался сам Александр Альбертович: она не заметила его, это он заметил ее… «О тебе спрашивал один человек, — объявила однажды Шурка Венцова (это было так давно), — о тебе спрашивал — видела, тот, высокий, худенький. Он один, кажется, не был тогда пьян».

И Вера, помертвев, теряясь, чувствуя от волнения тошнотную слабость, спросила:

— И ты сказала ему, как меня зовут?..

Вторая жизнь начиналась за воротами дома. Мелочная лавка. Апельсины, яблоки. Тихий дождь, мокрый тротуар, и вдруг — лужа, в которой так отчетливо и спокойно отразилось что-нибудь яркое; воздух, движущийся на нее, упорный механизм собственного тела, ощущение жизни — необходимое, без которого она не может существовать, теряет себя, гибнет, ощущение: «я и ветер», «я и небо», «я и город» — дающее, не счастье, не о счастье теперь речь, а отдых, передышку. Она шла, ни о чем не думая, на обратном пути она начинала спешить и к концу уставала. Не раздеваясь, входила она в спальню и останавливалась в дверях. Ничего не случилось, он был по-прежнему здесь и думал, закрыв глаза, и это было лучше.

Только ей он позволял поднимать себя, убирать за собой.

Только ей он позволял поднимать себя, убирать за собой.

— Я надоел ей, — шепнул он однажды, показывая на Людмилу, проходившую по комнате шумнее, чем следовало. — Она хочет, чтобы скорее умер.

Он теперь говорил шепотом, голоса у него не было. И однажды, когда они были вдвоем и текли, текли эти вечерние часы, и она шила, отрываясь ежеминутно, чтобы взглянуть на него или сказать ему что-нибудь, он медленно и тихо произнес:

— Давай вместе.

Она посмотрела на него, положив работу, и он добавил:

— И скорей.

Она подумала, что из всего того, что он ей говорил, это все-таки еще не самое страшное и что ее испугать не так-то легко.

— Ты останешься здесь… У тебя будет такая *длинная, длинная, жизнь…*

Он опять подождал. Она молчала.

— Ты не хочешь со мной?

Она положила руку ему на худую грудь, наперсток блестел у нее на пальце. Она молчала, не сводя глаз с его лица.

— Не хочешь! — прошептал он и опустил веки.

Она закрыла обеими руками лицо. Она просидела так некоторое время. Когда она взглянула на него, он спал. Сон его был теперь так тонок, что при нем нельзя было даже глубоко вздохнуть. И то, что нельзя было глотнуть воздуха в эту минуту, показалось ей особенно мучительным.

«Если бы в эту ночь!» — подумала она. Но в ту ночь он требовал показать ему коробку камфарных ампул. Зрение его так ослабело, что прочесть, что было написано на них, он не мог, но он долго разглядывал их, сжимая в руках коробку, пока его лицо не исказилось от плача.

— Милый, дорогой, — сказала она, — не надо плакать. Слава богу, сегодня ничего не болело и жар был совсем маленький, и завтра я не уйду никуда.

И она воткнула шприц в его сухую, всю исколотую ногу.

Теперь она уже не уходила к себе на ночь. На низком, узком,

двухсотлетнем, как все здесь, диване, она ложилась, научившись во сне слышать все, что делается в комнате. Из окна шла влажная свежесть; в пролете двух домов иногда мелькала звезда. Когда в первый раз пришло к ней желание освобождения? Давно, давно. Оно пришло с тоской, с яростью. Может быть это было еще до свадьбы…

— Да, я вижу, была у вас ноченька! — сказала утром Людмила. — Замучил совсем?

— Нет, не совсем.

— Послушайте, хотите облегчить и ему и себе? Ведь все равно.

— Нет, не хочу.

— Вы сами знаете, что нужно сделать.

— Знаю, но не сделаю.

— Хорошенькую вы жизнь видели. Веселенькая молодость! Если бы не вы, он бы еще в прошлом году успокоился. Зачем это вам?

Вера не ответила. Она вдруг вспомнила: это началось в ту минуту, когда она впервые увидела Александра Альбертовича. Шурка распахнула перед ней дверь маленького венцовского «зальца».

— Вот. Знакомьтесь, граждане.

И Вера увидела на стуле, подле клетки с канарейкой, на фоне остатков когда-то могучего фикуса, не того, кого ожидала увидеть.

XII

Удивительны были это одиночество, эта тишина, которые настали после разлуки с Самом. Затих Петербург: не ходили трамваи, прорастала трава в щелях гранита, не звонили в церквах, молчали заводские гудки; затих мир, из которого сюда не доносилось ни одного звука: ни о землетрясении на Филиппинах, ни об изобретении американского ученого, ни о заключении мира союзников с немцами. Затихла Вера, потому что не с кем было спорить, смеяться, шептаться, некого было ждать, не к кому было бежать и некого было любить. Гимназия была позади, Сама не было, Шлейфер оказалась в чека — не сидела, а служила; отец Шурки Венцовой, священник, был выслан в Ладогу, и Шурка ездила к нему и пропадала неделями. От этих первых двух лет юности не осталось в памяти ничего, кроме волчьей, пещерной, жизни: волчьей несытости, печки, очередей, каши, которую ставили на ночь в теплый духовой шкаф, а утром съедали, писка чужих детей вселенных в дедушкину комнату — с отцом, путиловским рабочим, и матерью, белобрысой бабой, так и не научившейся пользоваться уборной.

Настю отпустили, и она, уезжая и собирая пожитки, плакала и говорила, что столько слез ни по ком никогда еще не проливала. Она оставила Вере своей платок, тот, который укрывал ее с головы до колен и в котором она бегала через улицу в лавочку и к Адлерам. И Вера всю зиму носила его, надевая поверх старую, тесную щубу. А шляпы в доме не осталось ни одной, их все обменяли своевременно на крупу.

Обменяли ковер, обменяли лисью ротонду, обменяли блюда и швейную машинку, и в неомраченном, в молодом и веселом лице матери появилось выражение усталости и грусти. Отец не подавал виду: он левел, старался найти всему объяснение, оправдание. Мать верила ему на слово, но Вера видела: она

60

делает усилие, она не просто старается. Над нежным виском появился у нее седой волос; он вился и сверкал, и Вера безжалостно вырвала его. Потом их сделалось много и они даже стали идти таким печальным материнским глазам.

Были книги, были театры — и Вера несколько раз, по какой-то необъяснимой случайности, сидела в царской ложе в Александринке, где бархат с барьера был сорван и почему-то среди красных кресел стоял простой железный стул. Были семечки, семечки и шинели; тьма зимой и белые ночи летом — особенно почему-то в том году долгие и светлые. Сперва — каток в столовой, сталактитами замерзшая вода в ванной, хлынувшая из лопнувшей трубы; потом — совсем особенный, рушащийся, умирающий город, все красоты и медленную смерть которого Вера готова была отдать за банку сгущенного молока, пробитую гвоздем, из которой можно было высосать жирную жидкость, за кусок жесткого сала, за пыль какао, щекочущую горло, которую она глотает ложками, когда отец приносит из института паек на спине. Но главное — одиночество, вот что тогда было: не к кому пойти, некого ждать, некого любить. Затихает мир вокруг, затихает город. Но Вера не хочет затихать, она хочет буйствовать. Ей двадцать лет; сбывается ее мечта — она становится похожа на мать, она становится все лучше. Начинается какое-то таинственное цветение: она может петь; недавно она нарисовала тот пейзаж, что виден, если высунуться из окна (решетка сада, знаменитый особняк, взятый под хлебный распределитель, дерево); она умеет танцевать, и, однажды, она сочинила стихотворение. Но важнее всего то, что она ничего не боится.

Любить некого, но тайное буйство обуревает ее все сильнее, ей кажется, что еще немного и — как в рассказе Гаршина — растение пробьет стеклянную крышу и посыплются стекла. Пусть вокруг нее посыплются стекла! Очень это будет хорошо. Великолепно. Замечательно. Но только, пожалуйста, не надо замуж. Не надо приличного господина, представленного ей в знакомом доме, не надо родительского согласия. Не надо признания и первого поцелуя… Ей хочется чего-то совсем на все это непохожего; она еще сама не выдумала, чего именно.

И вот, из ничего, из пустоты и тишины замерзшей вокруг жизни появляется однажды Шурка Венцова с чуть-чуть свеклой тронутыми губами, с челкой, в высоких, ярко-рыжих шнурованных ботинках на босу ногу. Соскучилась. Пришла. Пришла узнать, во что превратилась любимая моя дурища, не засидели ли ее мухи?

Высоко заложив ногу за ногу, отставив руку с папироской, дыша французскими духами, она рассказывала о себе. У нее изменилась улыбка, на улыбку ее весело смотреть. У нее стала красивая шея, она открывает ее, открывает кусок рубашки, начало груди. Голос у нее задорный, рот влажный. От нее не хочется отводить глаз.

— Политикой я не занимаюсь, — говорила она, — жизнь у меня — кинематограф! Написала роман: пожилая женщина, актриса, влюбляется в одного молодого доктора. Она чувствует, что не имеет права, но… минута страсти, и она берет его, как вещь. Потом выясняется, что доктор — ее сын. Они кончают с собой… Я встретила Шлейфер и рассказала ей (она, между прочим, слепнет). Шлейфер сказала, что рабочим и крестьянам это не нужно. Как будто все — рабочие и крестьяне! Есть еще мы на свете.

Вера, приоткрыв рот, кивает головой.

— Оказывается, еще в гимназии у нее началась катаракта, — сыплет Шурка, — теперь — каюк: зачем в чеку пошла? Есть бог! Спросила меня: а что твой отец, он ведь был служителем культа…

— Зачем же выясняется, что доктор — ее сын? — спрашивает Вера с опозданием. — Пусть лучше он бросит ее, как вещь, — а она покончит одна.

Шурка думает, сощурясь.

— Может быть, я соображу. У меня теперь времени нет: у меня — сильное чувство.

И она, перебравшись на кровать, рядом с Верой, начинает длинный рассказ, подробный, как если бы она рассказывала кинематографический сценарий: «Слева он стоял, я немножко позади, а между нами лампа. Он обернулся и сказал: нет, не так: он сперва улыбнулся, и я подумала, что он думает, то я думаю, что он думает… Оказывается: ничего подобного!»

И так далее, — о каких-то чувствах, словах, поцелуях, об опыте настоящего Шуркина романа, об одном жутком вечере, когда ее спасла очень узкая — дудочкой — юбка, и о другом, уже менее жутком, когда ничего не спасло.

И она, перебравшись на кровать, рядом с Верой, начинает длинный рассказ, подробный, как если бы она рассказывала кинематографический сценарий: «Слева он стоял, я немножко позади, а между нами лампа. Он обернулся и сказал: нет, не так: он сперва улыбнулся, и я подумала, что он думает, то я думаю, что он думает… Оказывается: ничего подобного!»

И так далее, — о каких-то чувствах, словах, поцелуях, об опыте настоящего Шуркина романа, об одном жутком вечере, когда ее спасла очень узкая — дудочкой — юбка, и о другом, уже менее жутком, когда ничего не спасло.

Шурка сморкается, размякает и, обняв Веру, стихает.

— У тебя страшно сильно бьется сердце, — вдруг говорит она, — даже смешно. Всегда так?

— Наверное всегда… Ты его любишь?

— Ну конечно.

— А он тебя?

— Ясно.

— Какое счастье!

— Кинематограф! — и Шурка пожимает плечами. — Нет, просто удивительно, до чего у тебя сердце шумное. Как железная дорога.

XIII

В попову квартиру ходили — вот уже несколько месяцев — по черной лестнице. Дверь в кухню была приоткрыта, из нее рвался липкий, сладкий пар: запах кипящего глинтвейна. Попова родственница стояла посреди кухни, красная, с каплей под носом; она готова была ринутся, если понадобиться, в любую сторону, а пока обводила глазами стол с нарезанными для бутербродов ржаными ломтями, плиту, на которой пыхтел медный чан с вином. На окне стояла четверть самогона, Шуркин брат, Геня Венцов, когда-то ученик восьмиклассного коммерческого, а теперь молодой человек неопределенных занятий, прилаживал к четверти пробочник; его приятель и друг, Матренинский, все время облизывая пальцы и виляя задом, потому что боялся испачкаться, стриг кусками селедку и воблу для бутербродов. Тут же лежала длинная, жесткая, лилового цвета колбаса.

Задолго до этого дня, Геня Венцов решил устроить пир по случаю встречи Нового года. Он и Матренинский достали все, начиная с дров для плиты, с дрожжей для хлеба. Еще накануне поставили они сообща тесто, а нынче с утра протопили в комнатах: Шурка и Геня жили в столовой и зальце, остальные комнаты по коридору были отданы жильцам, впущенным своевременно. Вызвали родственницу из Обухова. «Только, тетенька, просим вам ничему не удивляться и впечатления оставить при себе», — заявил ей Геня и поцеловал ей толстенькие ручки. «Вы, тетенька, наверное, слегка устарели, но по хозяйству очень вас просим». Она сделала обиженное лицо, да так с ним и осталась. Были приглашены: Вера, две новые Шуркины подруги, Матренинский, все три жильца и какой-то господин с женой, жившие по соседству. В столовой был накрыт стол — скатертью, приборами, остатками серебра; в зальце — наставлен граммофон и мебель сдвинута в угол. Шурка, в пышном платье, извлеченном из сундука, в каком-то маскарадном монисте и почему-то лиловых чулках, встречала гостей и сажала их в угол зальца. По стенам висели портреты архиереев.

Когда Вера вошла на кухню, тетенька как раз уносила в столовую глубокую миску с винегретом, и в кухне находился один Матренинский. Он представился, ополоснул пальцы, снял с Веры шубу и унес в коридор.

— Глинтвейн, — сказал он возвращаясь и приподнял крышку кастрюли. — Согревательное! — и он многозначительно посмотрел на Веру.

К этому вечеру, к первому своему балу — как говорил отец — она сделала себе платье из куска синего шевиота, лежавшего уже много лет у нее в комоде, пришив к вороту падавшее до плеч старое, тонкое и дырявое кружево. Ей казалось, что платье и впрямь вышло бальным. Обуви у нее не было, она пришла в валенках, но Геня был предупрежден, и увидев Веру, сейчас же вынес ей Шуркины старые остроносые туфли, которые оказались Вере в самую пору. Здесь же в кухне, Геня заставил ее чокнуться и с ним и с Матренинским. Оба переглянулись и извлекли из-за окна какую-то заповедную косушку. Ей дали кусок колбасы на корочке. Она глотнула и устояла, не дрогнув. «А на ты со мной?» — спросил Геня, который, видимо, успел со всеми гостями хватить по рюмке. «Отпустите меня», — сказала Вера, заметив, что Матренинский выбежал, а тетенька все не

65

возвращается. Но Геня уже продел свою руку под ее локоть, и тогда она сделала второй глоток и поставила пустой стакан куда-то вверх донышком. Дверь в комнаты приняла ее, словно открытый люк.

В зальце ревел граммофон. В его оловянной трубе отражались: платье Шурки, лицо Матренинского, головы и ноги гостей, которых Вере показалось очень много. Ее сейчас же пригласили танцевать. Кавалер попался чуть ниже ростом и очень молчаливый. Потом она пошла с другим, потом с кем-то третьим, который показался уже знакомым.

— Мы ведь уже танцевали сегодня с вами? — спросила она, облетая в вальсе зальце.

Но он молчал. И вместе с тем он держал ее не совсем так, как раньше ее держали другие: она чувствовала на себе его руку, и в этой руке был покой. Было что-то, что мешало ей запомнить черты его лица, отличить его от других, и даже по голосу она не знала его, потому что не слышала его голоса. Впрочем, ей почему-то сразу показалось, что он не очень молод. Когда он отошел, ей бросилась в глаза его начинающаяся лысина и — несмотря на это, или именно поэтому — какой-то аккуратный и приятный ей затылок. «Вот он, мой!» — шепнула ей Шурка, показывая глазами на Матренинского, и Вера почти не удивилась. Она чуть не спросила: а кто это? Но удержалась.

Ужин был готов. Гости повалили в столовую; кавалеры ухаживали за барышнями обмахивая стулья носовыми платками, говорили громко, что уже вспотели, наваливали себе и дамам на тарелки винегрет. Гостей оказалось гораздо больше, чем Шурка предполагала: Геня позвал каких-то полувоенных господ, один из них привел очень миленькую, но довольно пьяненькую девочку лет четырнадцати. Господин, пришедший с женой, оказывается, принес с собой гитару. Самогон был разлит по рюмкам, все схватились за бутерброды. Матренинский ударил в медный таз из-под варенья. «А-а-а», — заревело несколько голосов. Новый год был встречен.

«Это уже было когда-то», — метнулось у Веры в мыслях. — Вероятно, во сне. Да и не было времени сейчас вспоминать. Хорошо, что была одна среди этих чужих и уже пьяных людей, была взрослой, была храброй… Хорошо. За самогоном ей налили глинтвейна. Справа от нее сидел коммунист, приведший девочку, слева — она разглядела его, наконец! Ему на вид было за сорок, лицо у него было обветрено, нижняя челюсть выдавалась вперед.

Странно было, что он почти не взглядывал на нее, но она знала, что он все время ее видит. За столом было тесно и она касалась иногда плечом его плеча, — но ведь она твердо решила раз навсегда ничего не бояться. За столом было шумно и чтобы заговорить, надо было еще приблизиться, но он не заговаривал и не приближался. Один раз он взял ее пальцы и заставил обхватить стакан и выпить, и тогда посмотрел на нее и даже не в глаза ей, а прямо в рот, и улыбнулся, и обвел — все молча — глазами сидящих за столом, но никто не обратил на него внимания, и Вера тогда заметила, что, собственно, вокруг совершенно никто о них не помнит: Шурки и Матренинского уже нет, все пьяны, тренькает гитара, на конце стола сидит кто-то один, подозрительно-трезвый, и смотрит в струны; пьяную девочку уговаривают не показывать грудь. Дымится прожженная скатерть.

«А любить то все-таки некого, — подумал Вера и встала, и он тоже встал, — разве что его?» — она прошла в зальце и в голове у нее началось какое-то прояснение.

Там в углу сидели две Шуркины подруги с двумя кавалерами и целовались Время от времени Геня бегал куда-то за дверь и тушил свет, тогда начинались прерывистые визги.

Молчаливый человек вдруг спросил:

— Вы не знаете, где тут можно посидеть, поговорить? Вера не оглянулась на него.

— Вы умеете говорить?

Он засмеялся.

Вера знала, куда идти: были комнаты по коридору, одна из которых была когда-то Шуркина. В коридоре им навстречу шарахнулась тетенька.

— Вот сюда, — сказала Вера, открывая какую-то дверь и повертывая выключатель.

Но свет не зажегся. Они постояли в дверях, пока глаза не привыкли к тьме и не различили длинную, низкую оттоманку, слева у стены.

— Побудем здесь, — сказала Вера, — здесь не так жарко. Она подошла к оттоманке и вдруг легла, вытянувшись во весь рост и закинув руки за голову. Он подошел к окну и поднял до половины штору, стало светлее от луны.

— Скажите что-нибудь, — попросила она. Но он все молчал. — Где вы? Вы здесь?

— Да, я здесь.

— Почему вы все молчите?

Он подошел к изголовью оттоманки, заслонив Вере окно.

— Вам ничего не хочется? — спросил он.

— Хочется жить, тратиться. Это дурно?

— Нет.

— Это смешно?

— Немножко. Впрочем, это естественно.

Она закинула голову и посмотрела ему в лицо.

— Вы что, умный?

Он улыбнулся.

— Подвиньтесь немножко, — сказал он.

Он сел рядом с Верой, как-то боком; его усталое, жесткое лицо менялось в сумраке, глаза смотрели вверх, притягиваемые светом в окне.

Она стала ждать его взгляда. Он провел рукой по ее руке; рука у него была сухая и тяжелая. Молча, он дотронулся до ее шеи, потом поднялся к ее лицу, и рука вдруг стала невесомой, мимо уха, к виску, по бровям, Вера чувствовала его ласку.

Он встал, отошел и опять пропал; он стоял у окна, и она не могла его видеть.

— Предположим, что вы лунатик, — сказала она.

Он не отозвался.

— Вы ушли в форточку?

Он ответил серьезно:

— Нет, я здесь.

Она засмеялась и вдруг сама услышала, как смех выдал ее. Она смолкла, но было уже поздно. Он возник у края оттоманки и вдруг вытянулся рядом с Верой.

Его рука легла ей на лицо, она чувствовала губами его ладонь, она дышала запахом этой ладони. Это была маска, наложенная перед операцией; стучит кровать, сейчас все провалится... сейчас она... еще секунда...

Вера закрыла глаза, и от его лица, надвинувшегося на нее, ей стало еще душнее, чем от его руки. Он поцеловал ее несколько раз, в губы, и второй поцелуй (она знала это, знала!) был слаще первого, а третий — слаще второго. Она почувствовала, как холод бежит по ее обнаженным ногам. «Не надо», — сказала она вдруг и захотела вырваться. «Нет, надо, надо» — прошептал голос над самым ее ухом. Она не знала, что будет такая боль и крикнула; он зажал ей рот рукой, она заметалась, не узнавая лицом эту руку.

В комнате наступила необычайно острая тишина.

— Простите меня. Боже мой, отчего вы не сказали! — проговорил он с трудом, ставя слова и взял ее Веру за руку. Она не отняла руки, но и не взглянула на него.

— Какой пьяный и какой вежливый, — проговорила она.

— Простите меня. Боже мой, если бы я знал!

— ...оказался неприятный сюрприз?

— Не говорите так. Зачем это?

— Не говорите вы сами так много. То молчали, а теперь вдруг разговорились.

Он бережно поправил ей платье и опять взял руку.

— По крайней мере, как вас зовут?

Она перевела на него глаза. Она все еще лежала на спине, он сидел рядом. В комнате становилось все светлее: луна косо и бледно входила в полузанавешенное окно. Можно было различить большую кафельную печь в углу. И вдруг Вера почувствовала, что больше так невозможно, что волнение (как ей казалось, унизительное волнение) охватывает ее. Рыдания заходили у нее в груди.

— Маруся, — сказала она совсем тихо.

Он смотрел на нее, сжимая ей руку. Он сам не знал, что ему сказать. Луна внезапно отпечатала широкий квадрат на крашеном полу. И только сейчас сюда донеслось шарканье танцующих, граммофон.

— Чья это комната? — спросила она, совладав с голосом.

— Не знаю, я первый раз здесь в гостях.

— Разве вы не живете у Венцовых?

— Нет.

Они опять замолчали.

Он поднял ее руку и тихо поцеловал ее, и она своей удержала его руку, притянула к своему лицу и положила себе на лоб.

— Когда я в прошлом году был в Архангельске, — сказал он вдруг ясным, трезвым голосом, — там был один человек, который проделал весь путь от Гренландии до Берингова пролива.

Она легла на бок и внимательно принялась смотреть на него:

— Мне и без того холодно, не рассказывайте мне про Гренландию.

— Этот человек потом уехал в кругосветное путешествие.

— Он вернулся?

— Нет еще.

— Он и не вернется.

— Почему?

— Потому что из кругосветного путешествия никогда не возвращаются.

Теперь вместо граммофона рычал голос под гитару.

— Когда мне было десять лет, я отправилась в кругосветное путешествие. И я не представляю себе, когда вернусь.

Он улыбнулся.

— Маруся, вы очень, очень милая. Я, по правде сказать, не думал, что вы такая.

У нее замерло сердце. Еще одно слово и она поняла, что поцелует ему руку, которую держала близко у самого своего лица.

— Вы не в обиде на меня?

Не то, не то!.. Она сделала знак, что нет.

— Ну тогда все хорошо. А когда я пьян, я правда ужасно молчаливый. Вы заметили?

Он встал, слегка отряхнулся, подошел к печке.

— Совсем холодная.

Вера тоже встала.

— Пожалуйста, побудьте здесь, — сказала она, — пока я уйду. Хорошо?

Она нашла Шуркину остроносую туфлю за оттоманкой, поправила волосы, разложила по плечам кружевной дырявый воротник.

— Прощайте.

— Прощайте, Маруся. Не сердитесь?

Она протянула ему руку, и он пожал ее и даже тряхнул слегка. Она вышла в коридор, оттуда в столовую. У залитого вином стола, низко склонив голову в грязную тарелку, сидела заплаканная, сонная Шурка и рядом с ней тоже сонный, взъерошенный Матренинский; в зальце было темно, оттуда неслось заунывное, в разнобой хоровое пение; казалось, поет человек восемь из разных углов комнаты, не поспевая друг за другом. Отыскав свою шубу и платок в прихожей, сменив туфли на валенки, Вера пошла через кухню. Там, на теплой плите, положив под голову подушку, накрывшись платком, спала тетенька. Вера тихо подняла крюк входной двери.

XIV

Был шестой час утра и еще совсем темно. Облака закрыли луну. Морозило. По снегу, неслышно, Вера пошла по направлению к дому, ходьбы было минут десять, и в эти десять минут она не встретила ни одной живой души. Ей даже пришло в голову, что законом запрещено ходить по Петербургу в этот час. Она вспомнила, что еще недавно у этого заколоченного досками кооператива сняли с прохожего шубу — об этом рассказывал отец. Но страха она не чувствовала. Ей даже нравилось, что она одна, совсем одна, в широких, пустых улицах. Вот, если бы, например, кто-нибудь взглянула на нее сверху — не бог, конечно, не о боге она сейчас думает, — но человек, сидящий, скажем, в воздушном шаре. Он увидел бы величавый лабиринт и маленькую в нем мышь или ящерицу, может быть он бы даже принял ее за человека — взрослого, храброго, гордого, предпринявшего кругосветное… И если что случается в этом путешествии, то это так и надо. Потому что все, что случается — хорошо.

Но на любовь это не похоже. Кто знает, может быть, если бы он дал ей расплакаться, если бы он сказал ей что-нибудь, что в написанном виде, например, могло бы оказаться смешным, что-нибудь такое обыкновенное и единственное — это стало бы любовью. Он не сделал этого. Спасибо ему. Как хорошо, что он не сделал этого!

Но как грустно, что этого не было. Вот и ночь прошла, прошел ее «первый бал» (Наташа Ростова, Андрей Болконский — ау, где вы?) и она одна бежит домой и, кажется, плачет. И никто не сказал ей, что хочет знать про нее, где она живет, что делает, что думает, когда опять придет? «Маруся». И больше ничего. А ведь он мог сделать с ее сердцем что угодно, и тогда это был бы плен. Слава богу, он не сделал этого!

У нее был ключ от квартиры, и она неслышно вошла, разделась и осторожно, боясь скрипнуть дверью, докралась до своей комнаты. На постели, под одеялом, кто-то лежал.

— Мама!

Она открыла глаза.

— Знала, что не разбудишь, дрянь, потому и улеглась здесь, чтобы непременно все знать. Рассказывай.

— Расскажи лучше ты, как это у вас бывало. Гремела музыка, бряцали шпоры, пары скользили по паркету…

— Мы обыкновенно приглашали тапера.

— …он говорил: я люблю вас. Она отвечала: спросите маменьку.

— Это так с нашими бабушками разговаривали.

— …и они выходили на балкон, съедали мороженое, простужались и умирали. Или нет, они женились и у них были дети.

— А у вас не так?

— Совсем не так. И тебе бы не понравилось.

— Неужели, под гармошку?

Она разделась, умылась за ширмой, расплескав воду, перелив полное ведро, и легла рядом, стиснув мать в объятии.

74

— От тебя пахнет табаком и водкой. А что за публика была? В кулак сморкались?

Вера слегка отпустила мать.

— Публика была самая разнообразная: кое-кто сморкался в кулак, а другие были хоть и пьяные, но очень вежливые.

— Воображаю.

— Извинялись за каждый пустяк. Был один даже вполне трезвый; архиереи по стенкам висели.

Они еще долго шептались, но уже не о том, что было, а том, как они друг друга любят. И мать иногда смеялась тихонько и радостно, как будто не было седины, как будто не продали лисью ротонду, и, незаметно подушкой утирая глаза и нос смеялась иногда сама Вера, так, словно и впрямь ничего не случилось.

Когда мать ушла, еще и еще раз обняв и расцеловав ее, в Вере медленно стала выпрямляться невидимая, спиралью сжатая пружина. Опять, как тогда, она закинула обе руки за голову, и ей представилось, что кто-то у изголовья заслоняет ей окно. Изо всех своих сил она старалась ничего не дать себе вспомнить — ведь если не помнить, то значит, ничего и не было, — так когда-то (еще во времена Сама) они установили. Если бы можно было, на месте всего бывшего, удержать сейчас в воображении рыжую голову пропавшего из ее жизни мальчика… Ребячество! Было. Было что-то, что никогда уже не хватит сил повторить. Невозможно пережить во второй раз такое мгновенное сиротство, такую жестокую свою ненужность.

Она лежала и смотрела перед собой, и петлями шли ее мысли, возвращаясь все к тому же мучительному часу в чужой комнате, в Венцовской квартире. Все, когда-либо читанное или слышанное о телесной любви, вспоминалось, плыло на нее, душило ее, она не могла найти во всем этом себе и своей

75

встрече места. Кто-то из Гренландии шел в Берингов пролив по льдинам. Льдины стукались одна о другую. Кричал ребенок. Это был ребенок путиловца, жившего в дедушкиной комнате (а жена его была беременна четвертым). В окне начинался нестрашный, пустой, зимний рассвет. В мозгу мучительно возникал полузабытый евангельский стих. Льдины гремели; в звонкой морозной пустыне она была одна, она скользила… на кубовых своих саночках, туда, где в сугробах, может быть, еще ждет ее мальчик в ушастой шапке. Но где-то далеко, от станции, с смешным названием, отходил поезд. Цвела сирень, и кто-то веткой махал ей из окна вагона…

XV

— О тебе спрашивали, — сказала спустя неделю Шурка Венцова, входя к Вере, — хотят наново познакомиться, говорят: было темно, не рассмотрели.

У Веры заходило в сердце, как перед несчастьем.

— И ты сказала ему, как меня зовут?

Нет, Шурка ему этого не сказала, да он и не спрашивал. Он просто попросил непременно опять когда-нибудь пригласить эту высокую, красивую барышню в большом воротнике.

— Это про меня — красивую?

— Про тебя.

— Очевидно, и впрямь было темно.

И вот Шурка пришла за Верой, чтобы увести ее к себе.

— Нет, я не пойду, мне некогда. А он что, ждет?

76

— Он живет у нас.

— Тем более можно в другой день. Он, между прочим, сказал мне тогда, что вовсе не живет у вас. Значит, соврал.

Это возвращение меняло все. Она так растерялась, что не чувствовала никакой радости; она, которая по словам матери, решительно от всего испытывала радость, именно сейчас, когда было от чего кинутся на Шурку, запеть, зашуметь, молчала и стояла неподвижно, окаменев внутри, каменными глазами смотря в Шуркины лучистые глаза. Зачем он вызывал ее, зачем возвращался, чего хотел? Поздно. Не надо.

Но Шурка заставила Веру одеться и они вышли на улицу. «Тогда пойдем крюком, погода больно хороша», предложила Вера. И они пошли крюком.

Это было смутное желание оттянуть время. Кто он? Печорин, неделю ее мучавший, прежде чем появиться снова (она, впрочем, нисколько не мучилась и сейчас же даст ему это понять); или просто занятый делами человек (уезжал, скажем, в командировку и только вчера вернулся), который не прочь возобновить приключение; или за эту неделю ему удалось забыть все, что между ними было, и осталась о Вере какая-то иная, немножко волшебная память, и он хочет теперь начать с начала, с другого начала, с наверное очень трудного начала.

— Зайдем сюда, — говорит Вера и тянет Шурку в недавно открывшийся, кажется, пока единственный в городе часовой магазин. — Мне давно хотелось.

— У нас не магазин, у нас часовых дел мастерская, — судорожно говорит перепуганный звучным словом маленький человек.

— Все равно. Я хочу кольцо продать.

— Золотое?

Вера снимает с безымянного пальца золотое с рубином и алмазами колечко. Маленький человек смотрит в лупу: рубин плавленый, алмазные осколки вообще ничего не стоят Он быстро, как пломбу из зуба, выковыривает рубин, бросает на весы.

— Зачем ты это? — спрашивает Шурка.

Спрятав деньги в сумку, Вера уже на улице объясняет: ей нужно сделать покупки, смешные, но необходимые, а денег нет. Пудра, духи. Пара чулок. Шпильки. Бусы. Ничего этого у нее не имеется.

— Валяй, — отвечает Шурка.

Одно было несомненно: он захотел, чтобы она пришла. Впервые дошло до нее что-то из его сердца. У него было сердце. Мысль эта показалась ей такой сладкой и мутной, что невозможно было ухватиться за нее, всей своей тяжестью повиснуть на ней. Осторожно, чтобы только не оборвать чего-то очень нежного! Он восполнял своим желанием увидеть ее пустоту, которую сам вокруг них обоих создал.

Шурка опять рассказывала Вере свой сценарий, какие-то муки и восторги, которые всецело зависели от Матренинского. Был ясный, зимний день, на Невском тротуары были занесены сугробами и прохожие шли по мостовой. В подвале дома, напротив Гостиного Двора, всего несколько дней, как открылась первая кондитерская со столиками. Вера втянула Шурку в низок. Только бы подольше!

Удивительно было это сидение друг против друга, в темноватой, жарко натопленной комнате; подавальщица принесла два стакана кофе и два пирожных, с сальными украшениями. В вазочке лежали печенья и пахло кокосовым орехом.

— Не арестуют? — Вдруг спросила Вера и Шурка сердито ответила:

— Пей уж скорей, с тобой всегда так.

Но как сама она решит отвечать на все это? Вот она идет к нему по первому его зову. Да, идет — и уже есть в ней что-то собачье. Почему? *Любви… Ничего больше. Ей хочется любви. Она думала, что там, у Венцовых, ночью, когда он положил ей руку на лицо, может быть любовь. Потом, когда он спросил ее, как ее зовут, ей опять, несмотря ни на что, показалось, что это невозможно. И сейчас опять.*

Она доходила досыта, и когда они пришли к Шурке в дом, у Веры было на душе спокойно, немножко блаженно. Шурка распахнула перед ней дверь Венцовского зальца:

— Вот, знакомьтесь, граждане. Простите, Александр Альбертович, что мы поздно.

И Вера увидела не того, кого ожидала увидеть.

Воспоминания размотались мгновенно: трезвый, молчаливый, очень серьезный, он не танцевал тогда и не пил, а смотрел то в гитарные струны, то — с любопытством и без всякого отвращения — на людей вокруг себя, с которыми у него ничего не было общего. Непонятно было, как очутился он среди них. «Совершенно случайно, — объяснил он потом Вере, — знакомые моих знакомых указали мне Александры Гурьевны комнату. Еще в двадцатом году я переехал, после того, как мой отец…»

Это была длинная история.

XVI

Два огромных светлых глаза, тонкое, бледное лицо, тонкие, легкие волосы, узкая, рука. Он тогда казался моложе, чем был

79

на самом деле. Одет он был, как одевались люди еще года четыре тому назад — воротничок, галстук и пробор — и ни пятнышка, ни пылинки на всем этом. Но в его старомодности — при его молодости — не было ничего ни смешного, ни противного. Лицо его искупало заранее все.

— Сегодня холодно? — спросил он, когда Вера села.

— Право не заметила, кажется, холодно.

— Я думал — вы уж и не придете. Пять часов. Боялся, что вы больны.

— Я никогда не болею.

Он сложил руки на коленях и вдруг что-то вспомнил и засмеялся.

— А я ведь что-то нашел!

Вера посмотрела на него пристально.

— Я нашел в моей комнате, под софой, — и он опять засмеялся. И вдруг вынул из бокового кармана гребешок, Верин гребешок, которого она на следующее утро не могла доискаться.

— По этому я узнал, что вы были у меня в гостях.

Он посмотрел на нее, и было в его глазах что-то нечеловеческое, восторженное и больное. Они сидели у незанавешенного окна, в потолке горела лампа; перед ними стоял столик и Вера положила одну руку перед собой плашмя на лаковую его доску, другая висела вдоль стула. Он смотрел на Веру, потом на Верину руку, потом опять на Верино лицо. От ходьбы на морозе щеки ее стали темно-розовыми, но глаза показались ему невеселыми и она теперь все старалась смотреть мимо него.

— Я думал всю эту неделю, — сказал он тихо и почему-то грустно, — что если кого-нибудь можно любить в этом

80

ужасном, отвратительном мире злобы и грязи, то вероятно, только вас.

Она нахмурилась и еще дальше отвела глаза.

— Не сердитесь, пожалуйста. Я ведь не наверное говорю, что мне только так кажется. Я ведь не делаю вам любовного признания. Боже упаси!

Он еще раз внимательно засмотрелся на ее лицо, она убрала руку со столика, но он не сделал никакой попытки удержать ее.

— Вот я вам расскажу про себя. Отец мой — француз, то есть он был французом, а потом стал русским. И, представьте, его расстреляли, приняв за шпиона. Но самое удивительное, что вероятно, это так и было, потому что он мучился после революции и говорил, что все средства хороши, только бы бороться.

Вера слушала. Ей нравилось, что он от нее не требует разговора.

— Мать моя — представьте, это очень странно! — немка. И я по-немецки говорю очень хорошо, как по-русски. Она была переводчицей модных романов: Шницлера там и Гофмансталя. Я даже знаю всякие глупые немецкие песни, какие поют детям, потому что она мне их пела. Но я больше люблю Францию. За границей я, впрочем, никогда не был. Мать была старше отца и умерла во время войны, война очень сильно на нее подействовала. Вы слушаете?

— Пожалуйста, рассказывайте дальше.

— Потом у меня был брат, старше меня на шестнадцать лет. Да, представьте, на шестнадцать лет! Он жил в Париже, он был очень богат. Он был убит на войне. У него осталась вдова и она зовет меня в Париж. Зовут ее Лизи. Она недавно прислала мне посылку.

— Пожалуйста, рассказывайте дальше.

— Потом у меня был брат, старше меня на шестнадцать лет. Да, представьте, на шестнадцать лет! Он жил в Париже, он был очень богат. Он был убит на войне. У него осталась вдова и она зовет меня в Париж. Зовут ее Лизи. Она недавно прислала мне посылку.

— Вот хорошо! — не удержалась Вера. — Что же там было?

— Там было, во-первых, коверкотовое пальто, потом там был одеколон, три катушки ниток, шоколад, две пары кальсон (простите, что я так говорю) и теплые перчатки. Шоколад и катушки я отдал Алесандре Гурьевне, а перчатки подарил Генечке. И вам, если только вы позволите, мне хотелось на память отлить в бутылочку немножко одеколона. Он чудно пахнет.

Что-то шевельнулось у Веры в горле и подкатило к глазам.

— Спасибо, — и она опустила лицо, — вы лучше сохраните его для себя.

Он перевел дыхание.

— Теперь я вам расскажу о себе. Я жил с отцом, и когда окончил Анненшуле, поступил на филологический.

— Почему на филологический? Что же вы собирались делать?

— Ничего. Поступил потому, что хотел высшее образование получить, а какого рода — безразлично. Деньги у отца были, а способностей у меня определенных ни к чему не проявилось. Поступил поучился год. Потом — вот. Революция, остался один, болел.

— Как же вы сейчас живете?

— Уроки даю. И потом мне право так мало надо. За меня хлопочут в Москве дальние родственники. Тогда я уеду.

— Боже мой, как все это грустно! — воскликнула Вера.

— Россия очень грустная страна, — ответил он. И в комнате стало совсем тихо.

Она сидела рядом с ним и ей казалось, что он не дышит, не пульсирует, такая была тишина. Мир, разбросанный, раздробленный, взвихренный мир вдруг сошелся в одной точке, в ее недоумении перед этим человеком, и она почувствовала такую дикую, такую слепую потребность доброты, что все остальные томившие ее чувства и попытки чувств, вдруг рухнули. Она поняла, что все то, что жгло ее эти последние месяцы и может быть даже годы, было желанием быть к кому-нибудь доброй. И она угадала, что только доброта может сделать ее опять, как в детстве счастливой, что только доброта, одна доброта есть для нее сейчас любовь. А все остальное измена и одиночество.

— А чем же вы болели? — спросила она после молчания.

— Легкими, — и он ясно и с готовностью поймал на этот раз ее взгляд. — Они у меня слабые. У отца они тоже были слабые. Я сейчас принесу вам карточки. — Делая огромные шаги, он вышел из комнаты и очень быстро вернулся. — Вот мой отец, — сказал он и протянул кабинетную фотографию: красивый господин с пышными усами в высоком крахмальном воротничке.

— Отец болел, потом вылечился. Я тоже, наверное, вылечусь. Он был очень веселый и, представьте, — немножко стыдно это сказать — но главным в жизни для него были женщины. И всегда очень красивые дамы. Помню, раз понадобилась ему в декабре месяце белая сирень… Впрочем, это в другой раз вам расскажу. А вот моя мать. Видите, какая важная.

С карточки смотрело строгое лицо в пенсне. Бюст дамы начинался у самых плеч, подпертый корсетом.

Он спрятал фотографии в старый конверт и задумался. Они опять некоторое время просидели молча.

— Как вы думаете, где Шурочка? — спросила Вера, хотя догадалась, что Шурочки давно нет дома.

— Я думаю, Александра Гурьевна ушла с господином Матренинским. Он сидел в столовой, когда вы пришли.

— Почему же он не сидел здесь с вами?

— Он был сердит, по-моему, на что-то сердит.

— На вас сердит! — воскликнула Вера. — Но как же можно на вас сердиться? — почувствовав, что этот вопрос может прозвучать нежнее, чем нужно, она на всякий случай усмехнулась: — Ну, расскажите что-нибудь.

Он опять перевел дыхание.

— Все, что хотите. Про сирень? Или про то, как я один раз оживил утопленника?

— Вы оживили утопленника?

— Да. Впрочем, это я вам завтра расскажу.

— Почему вы думаете, что завтра я опять приду?

— Нет, я не смею. Но я хотел попросить вас разрешения придти завтра к вам.

Она вдруг обернулась к нему, положила руку на его обшлаг.

— Один, — сказала она, — без мамы, без папы; и даже собственно неизвестно, какой национальности; и без всякой профессии. И болеете легкими. И... что еще?

Глаза у нее были очень грустные, и блестели, как никогда. Сердце в груди, казалось, истекает чем-то горячим и соленым.

Он положил руку на ее руку. Он только странно улыбался бледно-розовыми тонкими губами. Потом, в коридоре, он помог ей одеться, и каждое движение его показалось Вере полным никому сейчас ненужного, какого-то напрасного благородства.

XVII

Он стал приходить каждый день, в толстой фуфайке и коверкотовом заграничном своем пальто. Он сильно страдал в нем от морозов, но не мог объяснить, что сталось с его прежней шубой (много позже выяснилось, что ее выпросил у него Матренинский). Он совершенно не стремился остаться с Верой вдвоем, лишь бы она была подле него, а был ли еще кто-нибудь в комнате, его мало беспокоило. Обыкновенно он садился в столовой на стул, зажав кисти рук между колен, и не спускал с нее глаз. Это была самая теплая комната во всей квартире; тут стояла железная, выложенная кирпичом печка, на ней — чайник, в духовке — горшок с кашей. Александр Альбертович приходил после обеда и всегда от угощения отказывался.

Отец сидел тут же, на конце стола; инженерное его ремесло теперь все больше делалось почетным. Ероша густые, седые волосы, изредка крякая, он рыскал с толстым карандашом по каким-то очень летучим бумагам, совал острый нос в какую-то книгу, или, все это сдвинув, закрывался «Правдой». И когда на чей-нибудь вопрос, к нему обращенный, он мгновенно выныривал из-за газетного листа, он все еще молодо сверкал глазами и зубами на желтом татарском лице, и отвечал, когда-то бывшим резковатым, а теперь хриплым голосом; и невозможно было сосчитать, сколько стаканов чаю (давно без сахару) выпивал он за вечер, во всяком случае, не менее десятка.

Напротив отца, в кресле с подушечкой, сидела мать и раскладывала пасьянсы — старыми русскими картами с розовым и голубым крапом. Это занятие не шло ей, оно ее старило, но об этом она не заботилась: она уставала за день и вот, когда посуда бывала перемыта и на завтра кое-что сготовлено, и перестираны были тряпки, и в уборной подтерто (за путиловцами), и руки ее — нежные, прохладные, руки — отмыты и насухо вытерты, она садилась в кресло с подушечкой и бралась за колоду. И Вера садилась рядом с иглой и старым штопальным грибом, и то это была отцовская ластиковая заплата, то собственная ползущая под иголкой, когда-то гимнастическая юбка.

Александр Альбертович рассказывал очень тихо, чтобы не мешать чтению «Правды», и в рассказах его было всегда столько неожиданного, удивительного и трогательного, что Вера иногда не выдерживала и вскидывала на него глаза, а мать, окончив пасьянс, сидела склонившись над картами и молча продолжала слушать, или принималась, все на столе смешав, тихонько смеяться. Смеялась она теперь совсем тихо, но все так же длительно и чисто. И было рассказано в те вечера и про сирень, и про утопленника, и про многое, многое другое.

Иногда в своих рассказах он доходил до последних лет, и когда говорил, как тащили отца по снегу, как пропадали передачи где-то между Гороховой и Шпалерной (а в тюрьме давали овес), когда рассказывал, как уезжали летом знакомые французские оптанты — через Польшу, через Европу, туда, в далекую страну мира, победы, свободы — было у него в глазах что-то, чего нельзя было вынести. Он тогда еще больше понижал голос, чтобы его не слышал Верин отец, который однажды вдруг заспорил с ним о политике, и это было тяжело слушать. И тогда Вере казалось (уже тогда!), что сам он всех несчастнее — и оптантов этих (болевших цингой), и всех, всех старых, измученных людей, которых где-либо, когда-либо тащили на расстрел.

Наступил март и в квартире стало теплее. Можно было сидеть теперь в Вериной комнате. Кутаясь в старый Настин платок, она устраивалась в низком на трех ногах кресле, а он где-нибудь, непременно на самом неудобном стуле. Они были вдвоем. Вера читала. Это был период постоянного жадного безразборчивого чтения. Александр Альбертович тоже держал на коленях книгу. И нельзя было сказать, что он вовсе не глядит на нее, но почему-то любая страница наводила на него облако текучих и — он сам это знал — бесполезных мыслей.

— И никогда, никогда, — спрашивала Вера, подпершись о колено рукой, — не замирало у вас внутри от чего-нибудь совершенно дурацкого, от росы, от рассвета, от мысли, что никакая смерть не отнимет у вас чего-то самого главного? А? Подумайте.

— Нет.

— Вы не помните, чтобы что-нибудь вас когда-нибудь обрадовало до обморока, до потери рассудка?

— Нет.

— И вы не крикнули бы «еще минуточку», если бы оказались под виселицей?

— Нет.

— И вы не крикнули бы «еще минуточку», если бы оказались под виселицей?

— Нет… Знаете, я никогда не покончу с собой, но если бы меня кто-нибудь убил…

— Вас нельзя убить.

Иногда, ночью, она выходила провожать его до угла, стояла и смотрела, как он переходит улицу, еще раз снимает шляпу и скрывается. Несколько раз она пробовала молиться за него.

Однажды, она подумала, смотря ему вслед, что он наверное очень легок, и что если лечь и дать ему пройти по ней, то не будет больно. В день, когда начался ледоход, она предложила ему пойти на Неву.

— Мне никак нельзя, — ответил он. — Эти дни у меня самые страшные.

У нее сжалось сердце. «И не надо, — сказала она. — И я не пойду». Он посмотрел беспокойно. «Нет, вы идите, вам надо».

Но она не пошла. «Все — в меру, — сказала она себе. — Если бы можно было вместе пойти и стоять там, в солнце и ветре, и при этом вот так любить, душа бы не выдержала. Нельзя. Все в меру».

Вечером он пришел, как обычно. «Посидим у вас, — сказал он, — мне нужно вам кое-что сказать».

Вера с трудом открыла давно не открывавшуюся печную заслонку, засучив рукав, нащупала и вынула вьюшки, и принесла из чулана ворох старых газет. Она медленно начала скручивать жгуты, зажигать и бросать их в печку. Ветер загудел в трубе. Был бешеный, рвущийся ввысь огонь, был даже некоторый мгновенный жар и, вероятно, в небе, над трубой, розовый отсвет.

— Я сегодня получил одну бумагу, — начал он, испытывая тревожное блаженство от тепла, от мысли, что загорится сажа и будет пожар, от того, что Вера сидит близко и спиной к нему. — Я получил из Москвы разрешение на выезд. Я долго ждал его. Но если вы не хотите ехать со мной, я останусь.

Он помолчал, она продолжала скручивать и рвать газеты.

— Знаете, как вам надо будет ехать? Моей женой. Вас впишут мне в паспорт. Я хочу еще вам сказать, что в Париже вы ни в чем не будете нуждаться. Брат оставил мне. Там Лизи.

Она обернулась.

— Видите ли, какая история, — сказала она деловито, — я могу и здесь. Я могу и без Парижа.

Он серьезно и без всякой робости взглянул ей в лицо.

— Я знаю, что вы можете по-всякому, потому что вам двадцать лет. И в тридцать, и в сорок вы тоже сможете по-всякому, потому что вам сейчас двадцать лет. Я знаю, что вы из тех, которых ничем не испугаешь и ничем не соблазнишь... Я знаю... Пожалуйста, не прерывайте меня. Я люблю вас. Никого до вас я не любил.

«Верю», — сказала она про себя.

— Никого не хотел любить, думал, что и не могу любить. Я ничего не умею делать и не хочу уметь. А вы для меня — все равно, что жизнь.

— Которой, кажется, вы не дорожите?

Он подумал, глядя в сторону.

— Значит — больше.

Печка с ревом пылала перед ними и казалось, что вся комната в пламени.

— Я думал до вас, — продолжал Александр Альбертович, — что так это и будет. Мне представлялись раньше различные отвлеченные «жесты» любви: ничком у ног; объятие; не знаю, что еще. Вы знаете мой «жест»? я вцепился в вас. Вы только представьте себе человека, который умирает от жизни. На лбу у него лед, на груди — мешок с кислородом, руки его в чьей-то родной руке. Так вот все это — вы: и лед, и кислород, и рука...

Она бросила последний жгут в печку и, сидя на полу, обняла свои колени, не отводя глаз от потухающего огня.

— Я прошу вас стать моей женой. Подождите, не отвечайте, я еще не сказал вам главного.

В эту минуту неожиданное волнение изменило его лицо. Он встал, прошелся раза два по узкой, тесной комнате и опять сел.

— Я не предлагаю вам того страшного, мерзкого и животного соединения, о котором Леонардо да Винчи сказал, что оно уродливо, смешно и всегда унизительно для человека. Если вы сами захотите его, оно произойдет. Но оно, конечно, не имеет ничего общего с любовью, и разве можно строить жизнь на случайном, телесном ощущении, которое сегодня вам приятно, а завтра для вас — утомительно?

Он говорил еще; слова его теперь шли мимо Веры: она стучала зубами, куталась в платок, сжимала руками колени. Леонардо да Винчи. Значит, кто-то до нее уже думал об этом... Леонардо да Винчи... Джоконда... кажется, ее кто-то когда-то украл. Она поедет в Париж, она пойдет ее смотреть. Борис Исаевич Адлер находил, что Джоконда совершенно неинтересная женщина... Александр Альбертович говорит «повенчаемся» вместо «поженимся». Это смешно. Боже мой, как он худ, какие на нем протертые брюки!

Она с трудом сдерживала в себе все усиливающуюся дрожь. Он не просил у нее ответа, да она бы и не могла сейчас его дать. Он наклонился к ней и поцеловал ее в голову, и начал тереться лицом о ее густые, заложенные жгутом на затылке волосы. С тихим звуком выпала одна шпилька, он вынул другую, волосы упали. Он смял их обеими руками, накрутил их на пальцы, запустил в них руки.

— Какие густые, — сказал он шепотом, — Какие холодные.

Потом он положил ей на шею тоже холодные, тонкие свои пальцы. И вдруг она перестала дрожать, и обернулась к нему, все продолжая сидеть на полу. Он стал целовать ее лоб, глаза, губы, щеки; поцелуи — но какие-то особенные, да, особенные, непохожие ни на какие раньше испытанные, легкие, скорые; близко от них, тут, сейчас же, чувствовалось море слез, и море слов, и целая человеческая судьба.

И за этим вечером наступила первая в жизни Веры бессонная ночь — словно за первую близость с Александром Альбертовичем сейчас же пришел счет, и надо было платить бессонницей. В эти часы она думала, что год жизни готова отдать только за то, чтобы прекратилась тишина в доме, чтобы где-нибудь — внизу или вверху — грохнуло что-нибудь, или зазвучало. Но все было тихо. Особенно тяжело было то, что она никак не могла расплакаться — над чем? над кем? Над жизнью, которую она так любила и которая ей платила сейчас таким немытым счастьем.

И все стучала в голове мысль, что ничего не решено и все — поправимо, все еще можно переделать, оттого, что не было дано никаких обещаний. Она знала, что это — искушение и ложь, потому что все было решено, и ничего уже не поправишь и крепче, чем под венцом, было дано слово. И такая безрассудная, страстная жалость эта была похожа на радость, что явись кто-нибудь сейчас: здоровый, сильный, целующий в губы и грудь, бегущий с нею на ледоход, она бы просто не поняла, зачем он здесь? Она была отравлена, прострелена, утоплена — жалостью и в жалости; она ничего больше не могла — ни хотеть, ни бороться, и ей казалось, что вся печаль мира — не ее мира, лучистого, звучащего фанфарой, льющегося радугой, но его мира, — льется в нее, как в сосуд, и она все выдержит, все стерпит.

XVIII

У Александра Альбертовича комната была с балконом; это была прежняя Шуркина комната, та самая, в которой стояла оттоманка и блестела при луне кафельная печь. Недаром здесь был Александром Альбертовичем подобран Верин гребешок. Маленький, железный балкон висел над переулком и на нем помещались два стула. Вера приходила сюда, садилась и смотрела вниз, на улицу; Александр Альбертович садился рядом. Шурочка приходила, поджав одну ногу стояла в дверях:

— И когда же вы поженитесь?

Было совсем тепло, был конец апреля. Над нищетой и грустью голодного города сверкало лазурное небо, обещая длинное, ясное лето. Было несколько лавок, была парикмахерская, куда Шурка водила Веру завиваться, был даже ресторан, где все было очень дорого и невкусно. Александр Альбертович каждое утро что-то приклеивал в своих ботинках, потом долго чистил их щеткой и закрашивал чернилами. Иногда, вечером, когда все ложились спать, он шел на кухню, кипятил на примусе воду и стирал свою рубашку. Днем у него бывал жар, он ложился; он говорил, что у него от волнения, от ожидания, Бог знает от чего.

— Пойми, — сказал Вере отец, беря ее по всегдашней своей привычке за плечо цепкими пальцами и делая немножко больно, — я не могу быть ни за, ни против такого брака. Ты — свободный человек. Но если все это — одно сострадание?

— Как тебе объяснить, — отвечала она хмуро. — Сострадание — это что-то безличное. Сейчас это невозможно. Сейчас все очень личное.

Он пытал ее глазами, отпускал, ерошил волосы.

— Лучше было бы, конечно, без всякого сомнения, лучше было бы, если бы ты осталась с нами здесь. А то как же так? А?

92

— Я вернусь, — отвечала она, стараясь не думать, когда и как это случится.

В день свадьбы Вера опять надела свое шевиотовое платье — оно было лучшим, оно было единственным. Накануне они с Александром Альбертовичем были в комиссариате, и там их записали мужем и женой.

— Ты что же, нынче уйдешь вечером к нему? — спросила мать, видя, что Вера сама не заговаривает о переезде.

— Нет, зачем же. Мы уже эту неделю до отъезда побудем так. Ведь целый день вместе.

Мать все присаживалась — то на стул, то на кровать, то на сундук, она не держалась на ногах и вдруг оказалась маленького роста.

— Знаешь, — сказала она Вере из какого-то угла, — я когда-то очень любила жить на свете.

Вера гладила у окна.

— А теперь мне это все равно.

«Нельзя, не надо спрашивать, почему», — подумала Вера.

Мать сидела и смотрела на нее, уронив руки, испорченные работой, в грубом платье, с какой-то преждевременной немощью в теле.

— Разве я старуха? Мне ведь совсем немного лет. Но я чувствую себя сегодня такой старой, а в день, когда ты уедешь с ним, мне наверное стукнет сто лет.

— Почему? Что за глупости ты выдумываешь!

— Ой, не будь такой строгой, а то я заплакать могу. Меня сегодня обидеть легко, — она отвернулась и смахнула со щеки большую слезу. — И подумать только, откуда берутся еще такие люди, как твой Александр Альбертович? — Вера подняла голову. — Ты люби его, люби! Уж если начала — не бросай.

В церковь пришли все вместе: Геня и Матренинский держали венцы, Шурка стояла с букетиком нарциссов, отец и мать — поодаль, и там же — две старенькие дамы в одинаковых блузках с галстучками, часами на цепочках и обе — в пенсне: подруги покойной матери Александра Альбертовича, тоже переводчицы модных романов: одна скандинавских, другая — испанских. Они называл его Аликом и целовали и обнимали его, как ребенка.

Присмиревшие, усталые, голодные, они вернулись домой, и мать вдруг захлопотала, засуетилась: выяснилось, что готов целый обед — борщ, зразы, печеные яблоки на сладкое; выяснилось, что сохранилась в буфете бутылка шампанского — привозного, французского — и каждому досталось по глотку его пены.

— Я чувствую себя очень неловко, что доставил вам столько хлопот, — сказал Александр Альбертович, и над ним посмеялись, и он посмеялся сам, и все равно, пусть будет, что будет, пусть смеются, пусть рухнет вселенная — он смотрит на Веру, держит ее за руку и не отпустит от себя.

А товаро-пассажирский пароход, на котором они должны были ехать до Штеттина, уже чистился, уже грузился у Гутуевского острова.

…Провожающих не пустили на мол, и прощаться пришлось в здании таможни, в узком проходе, только что свежевыкрашенном масляной краской; надо было все время помнить об этом, чтобы не задеть стены; мимо шли люди, приходилось давать им дорогу; хотелось еще и еще прижать к себе всю в слезах, почему-то дрожавшую и все-таки улыбающуюся мать, отца, целовавшего так больно и сильно, сказать что-то Шурке, сказать непременно, не забыть. Но всех их гнали куда-то, и все тот же кривоногий в крагах возвращался и требовал здесь не толпиться, не застревать, а проходить как можно скорее. И прощай, прощай! И у тебя на спине зеленое. И будь счастлива, и счастливый путь, и вам тоже пусть будет в жизни счастье! Пиши, пиши, как только можешь часто, про все пиши. И не беспокойся: дома скипидаром вычищу — все сойдет.

Так — на всю жизнь — неизвестно какую — едкий запах олифы и материнская кротость, и легкомысленно перекинутые сходни с этой земли на палубу двухтрубного немецкого парохода.

Он отвалил ночью, словно делая что-то недозволенное, а до ночи Александр Альбертович и Вера все смотрели с какого-то ящика на тающий в медленных, летних сумерках очерк Петербурга — Калинкин завод, фабрика Кенига, и далекий, за туманными домами, шпиль.

Она никогда не думала, что Петербург такой, если смотреть с гавани.

— Я тоже, — сказал он.

Она жалела, что никогда раньше не приходила сюда, здесь так обморочно и терпко пахнет морем.

— Я тоже, — опять сказал он.

Она рассмеялась, сняла ему шляпу и растрепала волосы.

— Спасибо, — сказал он и поцеловал ее руку. Она сделала вид, будто собирается его задушить.

— Опять спасибо, — сказал он еще раз, посмотрел на нее, и закрыл глаза, а когда он закрывал так свои большие, светлые глаза, Вере казалось, что что-то гаснет рядом с ней, гаснет сама жизнь, такая горькая, такая трудная и прекрасная — сделанная из разлук, чужих стран и соленых слез.

Она запомнила два пробуждения. Первое: утром, перед

95

Штеттином. Она лежала на верхней полке, как в сетке (каюта была совсем маленькая) и слушала стук машины. «Бесповоротно, — сказала она себе вдруг. — Живу. Еду. Стучит.» Что это значило, она сама не знала, но чувствовала, что остановиться нельзя — ни земле вокруг солнца, ни машинным колесам, ни ей.

— Мы куда-то приехали, — сказала она, перегнувшись вниз и увидела, что он проснулся. Она протянула ему теплую руку и он потянулся к ней и стал целовать ей ладонь и пальцы, гладить себя этой рукой по лицу, купаться в этой руке. Это была минута судорожного счастья. Потом начался день.

Второе пробуждение было под самым Парижем. Он не проснулся на этот раз, она была одна и ей было страшно. Она вышла в коридор. Народу в вагоне было мало. Она стояла и смотрела на черепичные крыши пригородных домов, на первые вывески, на сушившееся белье, на груды старого железа. Ей становилось все страшнее. «Куда? Зачем? Подождите…» Хлопнула дверь, прошел контролер. Поезд пошел словно под гору — еще бесповоротнее, еще отчаяннее, чем колеса парохода. Мелькнула надпись: «Париж в 34 километрах». Вера держалась за никелированный поручень окна. «Париж в 29 километрах». Было девять часов утра. Зачем держишься за этот поручень, он ведь летит вместе с тобой! «Париж в 18 километрах». Вот Александр Альбертович вышел и встал рядом, он прямо со сна, но лицо у него не бывает заспанным; Вере все не становится спокойнее. «Париж в 8 километрах». Уже? Он уходит в купе, собирать вещи. Ей делается безразлично, куда, хоть к созвездию Геркулеса. И вдруг — рев, свист, грохот на стрелках, еще раз надпись, какая-то платформа, идет встречный поезд. «Париж в 3 километрах». Париж…

Все показалось — несмотря на погожий, летний день — очень сизым и дымным, каким кажется и теперь, каким казалось все эти три года. И квартира показалась дымной тоже — это была квартира покойного брата Александра Альбертовича, его вдова уехала на юг и оставила ее им — со всеми зеркалами, картинами и пальмами. И дымной показалась Людмила, появившаяся здесь (живущей прислуги Вера не терпела).

В первый месяц этой жизни он еще гулял, смеялся, покупал себе костюмы и разные ненужные предметы, приглашал каких-то гостей. Потом все это кончилось.

— Куда ты идешь? — спрашивал он. — Я не могу без тебя. Я умру без тебя. Я лучше пойду с тобой.

Она оставалась. По правде сказать, ей некуда было идти, разве что посмотреть на что-нибудь, она так мало в жизни видела! Потом и это кончилось. Был год заключения, истерического его тиранства, потом — год смирения. И теперь он позволял ей иногда это выбегание по утрам, словно готовил ее к близкому, полному от себя освобождению.

Когда-то (еще кажется летом) она читала ему вслух. Он мог слушать одну-две страницы. Почему-то чаще другого попадался ей в руки «Онегин» — и почему они оба так любили его, было им самим не ясно. Там ничего не было ни про них, ни про их странную связь, ни про предсмертную, мучительную его жадность к ней, ни про дикую, животную потребность увести ее с собой; там не было ничего про ее, ей самой непонятную окаменелую святость и безумную жажду освобождения. Теперь он уставал от одной строфы, но иногда, ночью, когда ему не спалось, он все еще просил:

— Там было местечко одно, про то, как кружится вальс…

И Вера читала:

> Однообразный и безумный,
> Как вихрь жизни молодой,
> Кружится вальса вихорь шумный…

И тогда он поднимал слабую руку, в знак того, что довольно, что на сегодня — слишком много волнений от этих строчек, и она стихала.

Он не замечал, что она читает громче обычного, с каждым разом все громе: он переставал слышать, он переставал видеть, замечать что-либо вокруг, и только ее присутствие — как чья-то живая, движущаяся теплотой и здоровьем наполненная душа — было единственное, чего он жаждал и что еще знал.

И однажды случилось так, что поздно ночью она встала, услышав его стоны — она третью ночь не спала вовсе, после его последнего горлового кровотечения, — и пошатываясь, и ежась, подошла к кровати, ожидая, что он вот-вот проснется и тогда она наклонится к нему, окружит его собой, укроет от всего, что его мучит, и делает ему больно. Но он, не просыпаясь, затих. Горела лампа, закрытая газетой, слышно было как по водосточным бежит вода и проливается и льется куда-то. Вера взяла книгу, чтобы не заснуть, открыла на письме Онегина к Татьяне и, чтобы только не потерять нить действительности и собственного сознания, стала читать едва слышно, но все-таки голосом:

> Случайно вас когда-то встретя,
> В вас искру нежности заметя,
> Я ей поверить не посмел,
> Привычке милой не дал ходу:
> Свою постылую свободу
> Я потерять не захотел.

Это ни на что, ни на что решительно не было похоже, но само чтение что-то напоминало ей. Свет, падающий на книгу, мертвец, лежащий посреди комнаты, чтение над ним. Все это напомнило ей ночное чтение псалтыря над дедом. Давно, давно, в детстве. Когда звенела, и сверкала, и плыла на нее жизнь…

Был седьмой час утра, когда она перестала и закрыла книгу.

Ночь едва-едва начинала разрываться в небе, над городом, какие-то звуки, ранние, первые звуки, начинали долетать в раскрытое окно. Внезапно, она направила свет лампы прямо в лицо Александру Альбертовичу, в голубоватое, острое его лицо.

Сомнений не было: она была свободна.

XIX

Она была свободна. Она была одна. То есть, она пребывала на полюсе, противоположном тому, к какому стремились люди ее планеты: в деревнях, городах, в горах и пустынях стоят жилища для людей, живущих по двое, или семьями, и мир стоит, и государства, и вся дикость и цивилизация людская стоят на том, чтобы человек не был свободен и одинок. А она была одна. И ей было от этого странно. Она всю жизнь была «как все», а в этом одиночестве в этой свободе было что-то исключительное, и ей было неловко от этой своей внезапной исключительности.

Надо было вызвать Лизи, сейчас же, чтобы она поспела к похоронам. А потом — месяцы или годы — расхлебывать дивный дар, которым наградила ее судьба.

И вот уже не ложная, но настоящая, свирепая весна ломилась в город, и на тот мокрый декабрь, больше года тому назад, декабрь похорон Александра Альбертовича, приезда из Ниццы Лизи, разрушения нелепой, пыльной квартиры, весна эта не была похожа. На седьмом этаже большого дома, смотревшего куда-то за город, в зелень и даль, в низкой, большой комнате с белыми обоями, меблированной немногочисленными, но какими-то блестящими, совсем еще не обжитыми предметами, в час, когда солнце встает над землей, но его еще не видно над домами. Вера проснулась, не шелохнувшись открыла глаза и почувствовала прилив такого невыразимого, такого летучего, такого острого счастья, что продолжая лежать, не двигаясь, не мигая и даже не отводя глаз от голубого, ничем не занавешенного окна, она постаралась удержать это мгновение, продлить его. И это удалось ей: минуту, две (она потом старалась вспомнить: не целых ли три?) продолжалось это чудовищное, с детства не возвращавшееся, теперь не совсем уже то самое, ощущение, кончавшееся, в сердце воображаемой, но все-таки отчетливой судорогой. От этого вздрога когда-то, в деревенском доме в Окуловке, вздрагивала и ее детская кровать, и Бог на плюшевой подкладке, подвешенный к кроватной шишке, вздрагивал тоже. Сейчас не было ни Окуловки, ни кроватной шишки, ни даже Бога, она была одна. Она — и время, текучее, делающее ее смертной или бессмертной… не все ли равно? И тем именно были так блаженны эти две-три (может быть, — четыре) минуты, что все внутри нее, размягченное, расслабленное сном, вдруг спокойно и внимательно посмотрело куда-то, в ту сторону, где как будто раньше не было ничего, посмотрело и увидело ту же жизнь, какая была в ней, то же течение, и увидев, соединилось с чем-то в душащей радости, — не с зеркальным своим отражением, когда-то мечтавшимся, а со всей вселенной, с встающим солнцем, с кричащими птицами, со всем, чему нет и не может быть конца. И в это почти нестерпимое мгновенье — потому что, конечно, это было всего одно мгновение — а о минутах она придумала потом — она почувствовала, что время не течет сквозь нее, но что она-то и есть само это время, она вместе с солнцем, птицами и вселенной. И все, что будет с ней завтра и после, уже наступило?.. Тут она опять заснула, и проснулась поздно, вскочила, вспомнила торжественные свои мысли на рассвете, вспомнила, что здорова, свободна, молода, что ничего не жалко, что всего хочется и распахнула окно, и пошла, пошла мысленно шагать по сизым крышам, по дали, по зелени, по небу, пока не унялось под горлом клокотание беспричинного счастья.

Накануне днем она вернулась в Париж. Полтора года тому назад увезла ее отсюда Лизи — тем самым мокрым декабрем.

Лизи она тогда вызвала телеграммой из Ниццы, к похоронам; Лизи была вдова брата Александра Альбертовича, и кроме Лизи у Веры не было никого. Она приехала в полном траурном облачении, очень шедшем ее крашеным волосам, легким, как шелк, ее миловидному лицу, на котором отпечатался след кружевом обшитой дорожной подушечки. До этого Вера видела ее всего раз. «Я вас лублу», — почему-то нравилось говорить Лизи всем и каждому: по-русски она знала всего несколько слов. «Я вас лублу», — сказала она когда-то и Вере. К похоронам Александра Альбертовича она приехала озабоченная, но по прежнему нарядная и такая уютная, мягкая, шелковая, душистая, вся в каких-то черных перышках и стрелочках, что Вера обрадовалась ей. Лизи все знала, что нужно делать, и сколько дать на кладбище на чай, и куда положить лист, на котором должны расписаться приходящие. И когда все было кончено, она сказала Вере, чтобы та не стеснялась и выспалась, и Вера легла и спала четверо суток, — просыпаясь каждый день перед вечером, и Лизи сейчас же приносила ей кофе с булочками и уговаривала спать дальше.

Тогда были сны. К концу этого сонного запоя виделся какой-то танец, который она танцевала под открытым небом, в ситцевой юбке; это была визгливая полька, а по лицу бежали слезы. Потом был тяжелый, сладострастный сон, и она проснулась от собственных стонов; в пересохшем рту стоял сухой и замерзший язык, по онемевшему плечу струились граммофонные иголки.

Когда на пятый день Вера встала, она поняла, что начинается что-то совсем новое, а когда Лизи объявила ей, что от квартиры она отказалась, мебель продала, Людмилу отпустила и везет Веру в Ниццу, она с тупым блаженством в душе отказалась противоречить. Лизи решила все удивительно быстро, она сняла маленькую квартиру на окраине Парижа: одна комната

— мне, другая — тебе, если мы захотим когда-нибудь вернуться… Была куплена мебель: из старого ничего нельзя было взять, все было так громоздко, так неудобно. Лизи семенила по магазинам, на дом приносились картонки, папироски курились одна за другой, какие-то приходили друзья — Вера с удивлением заметила, что большая часть знакомых у Лизи русские.

Но прошло две недели и Лизи стала совсем родной. Ни о чем не думать было тогда Вере очень приятно. «Слушай, — сказала она однажды, — спасибо тебе за все, за все. И поедем вместе, и будем вместе жить, но цель у меня — быть от тебя независимой, и я вернусь сюда, и выдумаю, что мне дальше делать».

— Хорошо, хорошо, — замахала на нее Лизи руками. Не будем ничего решать. Лучше скажи мне, кто это, и куда ему посылать благодарственное письмо?

На столе лежала стопка траурных конвертов и лист с подписями, бывших на похоронах. Удивительно, как Лизи все умела устроить.

На листе было подписей двадцать. Да, двадцать человек пришло проститься с Александром Альбертовичем. Была тут и Людмила, и доктор, и старая актриса, жившая внизу, и несколько французов — знакомых Лизи и Жан-Клода, и с десяток русских фамилий. Постепенно разобрали всех и после этого разбора осталось одно неведомое имя, которое они с трудом прочли: Дашковский. Кто такой был это Дашковский, где жил и как выглядел, ни Вера ни Лизи не знали.

— Я никогда не слышала такой фамилии, — сказала Вера. Лизи подумала, поерошила свои завитки…

За тот месяц, что они готовились к отъезду, Верой было получено так много писем, как никогда в жизни. Сама она писала домой редко и мало, но тут пришлось написать, и в ответ пришло несколько конвертов: от отца, от матери, от Шурки Венцовой, от Полины Адлер из Берлина. Когда Вера перечитывала их одно за другим, то от слов «дорогая Вера», «милая Верка», «родная моя Верочка» ей начало казаться, что гремит какой-то хор, и делалось почему-то неловко.

Полина Адлер звала в Берлин — погостить, развлечься; Шурка Венцова требовала немедленного возвращения в Петербург, и только родители не звали ее. Почему? С некоторых пор здание на улице Гренелль населилось новыми людьми, можно было пойти туда, справить свои бумаги. Но родители словно боялись, что она вздумает это сделать. И так это и осталось.

Бывало, Вера долго молча смотрела на лицо Лизи, в румяное, круглое ее лицо, и все в Лизи ей нравилось, а главное то, что Лизи никогда не трогала того, что лежало на дне отношений ее с Верой, на дне ее приезда в Париж. Отгрустив, отхлопотав в первую неделю, она спокойно и с тихим весельем пользовалась своим здесь пребыванием, не стыдясь того, что ей нисколько не грустно, не казня себя за свой легкомысленный характер и стараясь присутствием своим не понуждать Веру вести себя так, а не иначе. И не все ли равно было, что она думает о Вере («Дурочка, у нее кажется и в самом деле не было любовника?»), — без лицемерия, без насилия она была рядом с ней. И Вере она нравилась все больше, и нравиться начала эта жизнь, куда увлекла ее Лизи — на время, на время, а там посмотрим. И нравиться начал этот ряд раскрытых сундуков, куда Лизи роняла пепел своих папиросок, танцуя в золотых, без задников, туфельках по комнатам, даря приходившей помогать Людмиле свои прелестные платья, вышедшие из моды десять лет тому назад. А от Веры в это время, наставив паруса, надув туманные полотнища, уходили воспоминания, уходили последние годы, дни и ночи, дыхание, голос Александра Альбертовича; каким-то сладким, живым, непростительным миром заливала ей сердце эта новая жизнь; и ей нравились русские знакомые Лизи: друг покойного Жан-Клода, барон Н., с которым Лизи была на ты, младший Масленников, прогоравший на театральной антрепризе; поденно работавший в ресторане Лукашевич, и жена его, шившая корсеты. «Я вас лублу» — прокричала она им в окошко вагона и залилась смехом, и Вера, улыбаясь, махала сбоку перчаткой, пока не исчез из виду последний провожавший — высоченный, лысый, остроголовый Лукашевич.

Теперь она снова была в Париже. И не все, что произошло с ней за эти полтора года было хорошо, не все хотелось ей вспоминать. Но разве нужно возвращаться мыслями назад, если она решила вообще никогда не возвращаться назад, если она не возвращается в Россию, и не было у нее человека, к которому она могла бы вернуться, — они уходили, они умирали, они исчезали. Может быть, в старости — если вообще будет старость — она захочет вспомнить что-нибудь из этой однообразной, и пестрой, и праздной Ниццы, но не сейчас. Продолжается кругосветное, а кто же в кругосветном вспоминает что-нибудь, кроме дня отплытия? Ее день отплытия, это Самин плашкоут, обитый зеленым мокетом, под часами в классной, старый адлеровский диван…

И Париж не был для нее возвращением. Далеко-далеко от того дома, где жил и умер вельможа XVIII-го века, была она сейчас, и все было другое: это утро, это одиночество, свобода, крепкий, счастливый эгоизм, какие-то планы на осень, какие-то экзамены, к которым она будет готовиться. Она вскочила, решительно перерыла чемодан, достала блокнот. «Лизи! Лизи! Все нашла в полном порядке и в сильнейшем нафталине. Твою комнату я заперла и жить в ней не буду. Лизи! Лизи! Кланяйся всем. Особенно Феде, конечно. А про К. ничего мне не пиши и моего адреса ему не давай…»

Это было ниццское наследство, звучавшее загадочно, но обеим понятно, грозившее завтра же, или нынче ночью, рассыпаться в воспоминаниях трухой. Оно напоследок еще волновало Веру чем-то мутным, и делало вид, будто отрывается навсегда. И письмо ее было путанное, — последний след полуторагодовой путанной жизни. В этой жизни так мучила жажда узнать, что же такое она сама и другие, с ней рядом? Что такое пресная случайность, подвернувшаяся ей, над которой она наспех наклонилась, чтобы сейчас же от нее бежать? Что такое обманчивый привкус постоянства, мелькнувший и пропавший, который она не в силах была вернуть, удержать, который оглушил, ослепил ее и который она убила своим отъездом? И вот клокочет сердце от этого пробуждения, от наступающего дня, от собственной решимости, от солнца, блистающего над Парижем, от того, что без передышки, без передышки она продолжает шагать по крышам.

XX

Исшагать мир — или, по крайней мере, этот город — собиралась она давно, еще в детстве, когда смотрели Макса Линдера, и было все так красиво, нарядно и недоступно, но вот она была здесь, и почему-то сначала имело цену лишь то, что напоминало другой, тот голодный, заросший травою город, из которого она была родом. Если было туманное величье реки, или сиреневая, мертвая и громадная ночью площадь, то сейчас же говорила память о том, что она слишком спешила тогда, слишком кратко замирала под аркой Генерального штаба или над Зимней канавкой, или под Смольным монастырем. Но постепенно она стала любить его — он был столько же похож на книгу, сколько на человека; в нем были улочки, где подряд шли сорок три лавки старых люстр и мебели, и были бульвары, где восемнадцать кафе, одно за другим, перебивались лишь газетными киосками. На сто франков можно было купить себе на набережной целую библиотеку — с «Исповедью» Руссо (любимой книгой «великих людей» России), «Адольфом» Бенжамена Констана, Бодлером и Мориаком (с ужасной

105

картинкой на обложке). Здесь можно было молиться под орган, пить запоем, собирать марки, продавать старые вещи, смотреть военные парады, учиться химии и... ничего не делать, не выходить из дому, кипятить чай и жарить яичницу. И за это-то именно она его и полюбила.

Спустя неделю по возвращении Веры в Париж, у двери раздался звонок. Был ветреный день, окна в комнате и на кухне были раскрыты настежь, по ветру летали какие-то бумаги, на плите шипела яичница из четырех яиц.

Вера собиралась завтракать, резала хлеб пилой и с пилой в руке пошла к дверям. Человек, оказавшийся перед нею, совершенно ей незнакомый, стоял и улыбался.

Из кухни вылетели, гонимые новым сквозняком, лист старой газеты, пергамент из-под сыра, какой-то конверт... Человек шагнул в прихожую, за ним грохнула дверь; он поймал конверт на лету, все улыбаясь, подал его Вере, быстро бросил взгляд на пилу, которую она не опускала, и сказал, снимая шляпу:

— Здравствуйте, Вера Юрьевна, наконец-то я вас нашел.

Он был невысок, худощав, опрятно одет. Ему было лет под шестьдесят. Он носил седую щеточку усов и похожие на эти усы — густые, седые, подстриженные брови. Карими, живыми, слишком живыми от волнения глазами он смотрел Вере в лицо, и улыбка его — в которой блестели еще очень хорошие зубы — тоже была просто следствием большого волнения. Вера отступила немного, пристально глядя на него.

— Я — Дашковский. А вы всегда к незнакомым гостям с ножом выходите?.. Боже, мой, наконец-то! И где вы столько времени пропадали? Дайте на вас взглянуть хорошенько, хорошенько, — он слегка картавил, и сам, целуя руку на ходу, вел ее в комнату, к окну, к свету. — Вам смешно? Старый дурак явился... вы не догадываетесь, зачем? Да чтобы увидеть вас, только и всего. Ах, как вы на нее похожи!

Он круто повернулся спиной, что-то быстро стер с лица платком, и с размаху сел на стул.

И только тогда Вера сказала: «Садитесь».

— Завтракайте, пожалуйста, завтракайте, я тоже буду, чтобы вас не стеснять, — и он сейчас же схватил корочку хлеба, посолил ее и стал старательно жевать. — Очень вкусно. — И тут он внезапно смолк, и когда снова заговорил, то уже совершенно иначе. — После похорон я зашел на вашу старую квартиру, мне дали этот адрес. Раз в месяц я приходил сюда, я был здесь четырнадцать раз. Сегодня мне сказали внизу, что вы вернулись.

— Я закрою окно, — сказала Вера, — вы, наверное, боитесь таких сумасшедших сквозняков, когда все хлопает.

«У меня вчера был один из твоих бывших женихов, — писала Вера матери на следующий день, — их ведь, кажется, было четверо? Этот велел мне распустить волосы и причесаться так, как ты когда-то причесывалась. Он много ахал, ходил вокруг меня, под конец расстроился ужасно, трогал мое лицо, и так надоел мне с волосами, что я нынче утром пошла к парикмахеру и остриглась (благо теперь это модно). Он сидел очень долго, рассказывал без конца. Чем он сейчас занимается — не могу тебе сказать, кажется — в газетах пишет. Должна объявить откровенно: ты была совершенно права, папа гораздо интереснее… Подождем, не явятся ли за этим другие…» На самом деле все было не совсем так.

— Есть вещи вне, — говорил Дашковский, — как вам объяснить это? Вы все равно не поймете. Вещи вне.

— Вещи вне, — повторила она за ним, со старанием.

— Они будто не от мира сего. Знаете, раньше были люди не от мира сего. Теперь таких людей нет. Но есть такие события, которые на всю жизнь, на всю жизнь; они относятся к обыкновенным фактам, как простые смертные к гениям. И что бы ни было, они не умирают. У моего приятеля (старый человек) умер ребенок, давно, еще лет тридцать тому назад, — первый, ребенок. Теперь у него взрослые дети, но того он забыть не может, никак. Понимаете? Вероятно, нет. Такой бывает любовь.

Он начал есть яблоко, которого есть ему совершенно не хотелось.

— Она тогда выпадает из нашей жизни и даже из нашей судьбы. Нам делается вдруг все равно, что бы о ней сказал, например, Лермонтов. В молодости мы безумствуем, в зрелости, если она, такая, приключится, мы можем даже упустить ее, потому что мы сыты, мы устали, боимся препятствий. Но мы ранены до смерти и это знаем. Она относится к вещам, которым нет конца. Есть такие вещи. Там — душа бессмертна или нет, еще неизвестно, а вот это бессмертно. Бесконечно, беззаконно.

— А дружба? А жалость? — спросила она быстро.

Он подумал.

— Тоже, вероятно. У меня не было… А теперь еще, еще напустите на лоб, вот так, а над ушами подберите. Дайте, я сам причешу вас. Не верьте, когда вам скажут, что отвергнутый любовник вспоминает добрый ее нрав или веселый характер. Воспоминания становятся такими чувственными: вот эту прядь над виском, тугую грудь ее, ноги — вот что мы вспоминаем. Тепло, которое шло от ее прохладного тела.

Вера отодвинулась в сторону от него, но глаз не опустила.

— Я вернулся в Петербург через пять лет после ее замужества, — говорил Дашковский: он отодвинул прибор и, прихватив с собой пепельницу, пересел в кресло. — Вам тогда, вероятно, было года три. Теперь слушайте меня внимательно: я знал, что вашего отца нет дома; я позвонил. Прислуга сказала мне, чтобы я прошел в столовую, — по-моему, это была единственная, так сказать, «парадная» комната, вы жили довольно бедно. В столовой мне показалось темновато. Если не ошибаюсь, слева стоял буфет, а справа у окна еще какой-то стол.

Вообразите себе, я стоял почему-то в пальто, в руках держал котелок. Она шорхнула в дверях платьем, вошла. Вы, конечно, никогда не обращали внимания на чудесный, на нежный очерк ее лица. Она покраснела и в первую минуту готова была улыбнуться, протянуть мне руку, усадить меня. Она готова была на всякие там милые жесты. Но мой вид навел на нее подозрения, и она вдруг испугалась. Все-таки, хотя и дрожащими губами, но она ответила мне, что счастлива; она имела полное право не отвечать на дерзкий вопрос, и как в театре, вытянув палец, указать на дверь; но девическое осталось в ней, останется до старости, в вас его совсем не заметно. И вообще — что вы понимаете! Губы у нее дрожали, глаза блестели… какими слезами? Доброты, конечно, доброты! Она попросила меня уйти, как просят закадычного, верного друга о какой-то услуге, и еще говорят ему на всякой случай: «не сердитесь, пожалуйста».

Вера отодвинулась в сторону от него, но глаз не опустила.

— Я вернулся в Петербург через пять лет после ее замужества, — говорил Дашковский: он отодвинул прибор и, прихватив с собой пепельницу, пересел в кресло. — Вам тогда, вероятно, было года три. Теперь слушайте меня внимательно: я знал, что вашего отца нет дома; я позвонил. Прислуга сказала мне, чтобы я прошел в столовую, — по-моему, это была единственная, так сказать, «парадная» комната, вы жили довольно бедно. В столовой мне показалось темновато. Если не ошибаюсь, слева стоял буфет, а справа у окна еще какой-то стол.

Вообразите себе, я стоял почему-то в пальто, в руках держал котелок. Она шорхнула в дверях платьем, вошла. Вы, конечно, никогда не обращали внимания на чудесный, на нежный очерк ее лица. Она покраснела и в первую минуту готова была улыбнуться, протянуть мне руку, усадить меня. Она готова была на всякие там милые жесты. Но мой вид навел на нее подозрения, и она вдруг испугалась. Все-таки, хотя и дрожащими губами, но она ответила мне, что счастлива; она имела полное право не отвечать на дерзкий вопрос, и как в театре, вытянув палец, указать на дверь; но девическое осталось в ней, останется до старости, в вас его совсем не заметно. И вообще — что вы понимаете! Губы у нее дрожали, глаза блестели… какими слезами? Доброты, конечно, доброты! Она попросила меня уйти, как просят закадычного, верного друга о какой-то услуге, и еще говорят ему на всякой случай: «не сердитесь, пожалуйста».

Но я не уходил, и вдруг начал ее умолять. Никогда никого не нужно умолять. Но тогда я не рассуждал, я предлагал ей ехать заграницу, захватив с собою вас. Я был богатый человек, Вера Юрьевна. Но она сказала: «Ради Бога, уйдите, уйдите сейчас же отсюда вон. Я не хочу вас ни видеть, ни слушать…» Не смотрите на меня так, смотрите подобрее. Дайте мне вашу руку.

Но Вера не дала ему руки и тоже пересела со стула в кресло, бок о бок с ним.

— Одна вещь вас удивит, Вера Юрьевна, когда вы придете к нам, — продолжал Дашковский. — «К нам», — потому что я женат. Я женился во время войны. Могилев, госпиталь, сестра милосердия; у нее были такие мягкие локти, которыми она все отстранялась от меня. Что-то очень благоразумное в глазах (осталось до сих пор). Одна вещь вас удивит: она чем-то похожа. Совсем, совсем не то, конечно, но что-то есть… Когда мне сказали, что вы в Париже (у вас тогда только что умер муж), я пошел посмотреть на вас, я даже расписался. Я очень обрадовался, следя за вами. И мне казалось, что дама, которая была около вас, в черных тюлевых перчатках с серебряными ногтями, меня заметила.

110

— Нет, *Лизи вас не заметила.*

Дашковский замолчал и продолжал курить; курил он почти без перерыва, от одной папиросы к другой, и в комнате стоял в несколько плоскостей неподвижный дым.

«Еще, еще, говорите дальше», — хотелось сказать Вере, но она боялась выдать свое любопытство — не в отношении минувших его чувств к ее матери, а в отношении того огромного — по сравнению с ее — опыта любви и страдания, который был у него, и которого у нее не было. В том, что он говорил, безотносительно к тому, касалось ли это ее матери или нет, она ловила ей нужное, отвечавшее каким-то ее сокровенным и ей самой еще неясным мыслям, все время боясь, что он в ее напряженности, под которой она скрывала свою жадность, увидит что-то детское; но одновременно ей не хотелось и того, чтобы он принял ее за вполне взрослую, бывалую женщину, какой она не была.

— Я задам вам один вопрос, — сказала она. — Вашей женой, мной немножко, наверное другими — все эти годы — вы заменили ее, вы ее нашли (и потеряли тем самым). Так что же осталось?

— Страдание, — сказал он просто, — сознание, что человек не ракушка, не птичка, и что никого никем заменить нельзя.

— Зачем же вы пришли смотреть на меня?

— Так. Как мухи летают. Вы не можете себе представить, какое это для меня наслаждение. Не смейте трогать волос! Посидите еще так.

Она опустила руки.

— Ну, а если бы вы увидели ее сейчас? Хотите, я покажу вам ее фотографию? Она почти седая.

— Покажите. Седая?.. *Бедная вы девочка!* — и Вере показалось, что он сказал «бедная дурочка». — Вы думаете, молодость что-нибудь значит? Вы, может быть, гордитесь, что молоды? Конечно, это было бы естественно, я не обольщаюсь насчет вашего ума. Но разве молодость кого-нибудь когда-нибудь покоряла? От чего-нибудь удерживала? Есть такие вещи, за которые всю вашу молодость отдать не жалко. Вы что, рассердились?

Она вскочила, ломая в пальцах спичечный коробок.

— Какие вещи? — спросила она жадно из угла комнаты.

— Простите, не буду больше. Я только хотел сказать, что все искры, все так называемые безумные минуты в зрелости уже не нужны; хочется длить… Вы слышали когда-нибудь такое слово, голубушка? Длить. Запомните его. Хочется только одного: прочности, уверенности, что счастье, которое сегодня со мной, будет со мною и завтра, и послезавтра. Хочется, чтобы та, которая со мной рядом (или во вне) — была бы навеки моя, безраздельно моя, наяву и во сне моя, и пусть так, как хочу этого я, хочет этого и она. Разве молодость этого ищет?

Вера стояла, скрестив руки на груди, и не смотрела на Дашковского. Она боялась прервать его.

— А себе вы оставьте афоризмы касательно измен, ревности, страсти и прочего, — сказал он, уминая в пепельнице очередной окурок. — Кидайтесь во что хотите, куда хотите, к кому хотите.

Он поднял глаза: она смотрела на него.

— Или сидите смирно, ждите своей участи.

— Нет, пожалуйста, перестаньте так говорить со мной. — Она перевела дыхание. — Скажите, если можете, взаправду, что мне делать?

Он не спеша встал, сунул руки в карманы, поднял плечи и

отошел еще дальше, в дальний угол комнаты, и оттуда сказал, с чем-то стариковским, грустным в лице:

— Стареть.

Она готова была сорвать у него с губ это слово. По диагонали через всю комнату, она смотрела ему в глаза. «Еще, еще», — хотелось ей просить его, чтобы он объяснил ей, научил ее.

— Вы только не уходите, — пробормотала она, — подождите. Еще рано…

Они одновременно посмотрели в окошко. В дыму они двигались по комнате, как под водой. Дым клубами вился над ними от каждого их шага. За окном воздух начал тускнеть. Облако плыло на них, сперва розовое, потом багровое, плыло и не могло проплыть, пока не погасло. Потом по холмам, видным далеко-далеко, побежали огни, глубже и гуще стала небо. Они ходили по комнате, бесцельно и долго, не мешая друг другу и не задевая мебели, которой было немного. Дашковский говорил, и Вере казалось, что она наклонилась над ручьем, бегущим мимо ее лица, и губами зачерпывает его жгучую прохладу. Она слушала. О чем говорил он? О любви, об утраченном счастье, о незаменимости, о воспоминаниях, о власти одного человека над другим, об ушедших годах. Он говорил теперь без прежнего враждебного к ней снисхождения. Он сидел опять в кресле, с чашкой чая в руке, перевалив через долгие часы беспамятного разговора, возвращаясь минутами опять к тому, за чем, собственно, пришел.

— …вот здесь что-то подле рта и вокруг лба; но взгляд совсем чужой, теперь я вижу, взгляд у вас не тот, и руки совсем незнакомые. — И он, поймав эти незнакомые руки, рассматривал их и отводил от себя.

Когда Дашковский погасил последнюю папиросу и встал, в комнате ничего не было видно от дыма и мрака. Дашковский вынул из жилетного кармана старые часы: семь часов.

— Следующий раз, когда я приду, — сказал он, выходя в прихожую, где Вера зажгла свет, — надо будет поставить будильник, чтобы это продолжалось не так долго. — Она с усилием улыбнулась. — В следующий раз не я, а вы расскажете мне о себе всякие интересные вещи.

Она кивнула в знак согласия. Никаких интересных вещей она не могла ему рассказать — ее жизнь показалась ей сейчас цепью случайных и совсем не ярких ошибок. Может быть, что-то и несла она в себе, что было похоже на «вне» Дашковского, но такое маленькое, безымянное, какое-то зернышко, похожее на веснушку на носу у Сама, на слезу Александра Альбертовича, — его можно только прятать, рассказать о нем нельзя. Рассказать — прежде всего, было бы очень длинно, надо было бы назвать тогда одну фамилию — не через «о», через «а»… Она закрыла за Дашковским дверь, постояла немного, потом вернулась к окну, и так и не отворив его, села перед ним в темноте, смотрела на давно почему-то невиданные, какие-то забытые звезды, и думала, сложив на коленях руки.

И что-то сквозь всю ее разбушевавшуюся душу поднималось в ней медленно и успокоительно. Это было сознание, что она уже не была тем голодным существом, которое задрожало когда-то от безрадостного чувства к Александру Альбертовичу; она за эти последние месяцы успела грубо, наспех, но насытиться — плохо она это сделала, при возвращении к этому что-то начинало в ней ныть; но кое-как она насытилась, и теперь у нее была возможность перевести дух, что-то обдумать, решить…

XXI

Поздно вечером в тот день к Вере зашла Людмила. Она выкинула из пепельниц окурки, проветрила комнату и сказала, что не советует связываться с женатым. Вера спокойно выслушала ее разговор. Через три дня он повторился снова; еще через три Людмила прямо спросила: был ли Дашковский, и Вера ответила, что не был, но что прислал письмо; приглашение на послезавтра.

— Что же, пойдете?

— Пойду.

— Стар он для вас.

— Да у меня же с ним не роман! Он меня чуть дурой не обозвал при первом знакомстве.

Людмила усмехнулась. В смехе ее теперь было что-то уж очень невеселое: он обнажал ее черные, беззубые десны.

— Тем хуже для вас. Удивительно, как вы всегда позволяете себе на голову садиться.

На Веру напал внезапно беспричинный смех.

— Я вас уверяю, что вы бы ему понравились гораздо больше меня.

В этот день Вера была в веселом настроении, в этот день пришло письмо от Лизи.

Читая его, Вера заметила в себе отчетливое нежелание вернуться к Лизи: все было чудесно там, на милом юге, а Вере, — вот, подите же! — не хотелось возвращаться и, заметив это, она обрадовалась. Да, ей было все равно, кто и что велел ей передать, и что излагала ей в письме сама Лизи. И даже приписка ее: «О К., как ты просила, ничего тебе не пишу», — не рассердила Веру, но тоже развеселила. В этот день она занялась всевозможными домашними делами, до вечера ходила в фартуке, повязав голову платком, перед сном выкупалась, а когда легла, почувствовала, что не хочет и не может уснуть. И впервые, в тишине и мраке ночи, она ощутила, как она сейчас высоко над землей (на седьмом этаже), в каких она сейчас тучах. Шла гроза.

Гроза шла издалёка, с востока, с северо-востока, оттуда, где она когда-то уже шумела над Верой. Обшитая тесом дача озарялась тогда, будто мгновенно вздрагивала, — если спуститься в сад и оттуда, спрятавшись, смотреть, что было однажды сделано, чтобы испытать собственную смелость. Сперва по небу катились с грохотом, как по твердому, чугунные шары, потом оглушительно трепетали листы железа и, наконец, кто-то рвал в тучах полотнища гигантского мадепалама. И опять вздрагивал дом в свету, и убивало кого-то едущего трусцой по дороге, в полях, и раскалывало осину, — почему-то именно вот эту, а не ту, и не ту.

Гроза шла на Париж прямо из-под петербургских лесов, где наверное еще — трудно в это поверить — целый, невредимый, обшитый тесом, стоит старый дом с расшатанными перилами балкона.

Но было в этих небесных разрывах, в неполноте звука, в разровненных и уж слишком кратких молниях, что-то южное, что-то иное, напоминающее одновременно и берег Средиземного моря, короткие и толстые магнолии в саду Лизиной виллы, стоявшей на краю города, близ дороги, мчавшейся в Болье.

Окна там запирались заблаговременно, и душный воздух, истомившийся за день, оставался в комнатах, в то время как над морем и городом бушевал свежий ветер, проливался прохладный, душистый дождь. Гроза там катилась не по тишине, а по немолчному рокоту моря, по шелесту автомобилей по шелковой дороге, по собственному непрерывному эхо где-то в горах. И эхо, и шелест, и рокот все продолжались, когда стихал гром, и Вера широко открывала окна.

— Здесь у нас душно, как в подводной лодке, — говорила она, и с магнолий и рододендронов летело в комнаты дыхание, которым нельзя было досыта надышаться. И однажды, именно в такой дождь, только что стихли молнии, Вера увидела знакомую фигуру, бегущую по улице, с поднятым воротником. Она сбежала в сад, отперла калитку, ее обдало порывом почти холодного ливня. Карелов молча побежал по саду за ней, в дом, с него текли потоки, настоящие потоки, будто его только что обдали из ведра.

— Не могу же я, — бормотал он, срывая налипший на спину и на руки пиджак, — не могу же я в самом деле ходить с зонтиком!..

Было ясно, бесспорно — и не надо бы об этом говорить, потому что это слишком больно: она была создана без своего отражения, о котором когда-то мечталось. Какой она была глупой! Не дай Бог воротиться в то состояние ничегоневедения и обольщения. Жизнь больше всего похожа на воду, струящуюся между пальцами, и вообще не все ли равно, на что она похожа? Она знала навеки, что в жизни этой, в грубой, плоской, ниццской жизни ей встретилось совершенство — такой удивительный человек, на которого весело было смотреть — не Шекспир, не Бетховен, не Рембрандт, а совершенство человеческого существа, с правильным черепом и целыми зубами, и если через тысячу лет найдут его череп, его длинный и узкий скелет, то о нашей исчезнувшей расе будут высокого мнения.

Дождь струился с него на паркет, он смеялся, полотенцем вытирая руки и волосы; а Вера запирала за ним дверь и бежала к окнам — словно он был птицей и мог вылететь. «Нагнитесь!» — сказала она: к затылку его пристал мокрый лист, а все только для того, чтобы понюхать, не пахнет ли он мальчишкой, воробьем, — да, он пахнул немножко Самом, этот взрослый, тридцатилетний человек. Он не ее. Она совсем одна. Оборвалось все, что тянула она за собою раньше, где-то еще между Штеттином и Парижем оборвалось оно — за то, что она всех любила, всему радовалась и никого не предпочитала. И теперь она стоит перед человеком, и у нее нет ничего, кроме какого-то странного восторга перед каждым его жестом — из этого восторга всякая на ее месте сделала бы счастье (в зверином тепле, в звериной полутьме), а она — нет. Может быть, потому, что не надо быть храброй, не надо быть сильной, самоуверенной, крепкой? Блаженны... Нет, она никак не вспомнит этот евангельский стих, и некого спросить — какие все безбожники кругом! И совершенство мое — безбожное тоже.

— Эй, где вы там? Смотрите, я нашла сиреневое счастье.

— Где? Где? Дайте его собачке, — пусть она его съест... Вера села на постели и зажгла свет. Все было тихо, гроза давно кончилась. «И не убила меня, — насмешливо сказала себе Вера, — хоть я и на седьмом этаже». И вдруг она ясно представила себе, как в электрический счетчик, висящий в прихожей, бьет молния, бежит по проводам и, из этой маленькой круглой лампы, с ночного столика, убивает ее. И тогда наступает тьма.

И в это мгновенье рушится все: и старая дача, где-то там, на севере, на северо-востоке (почему-то чудом уцелевшая до сих пор), и рододендрон в саду Лизи, и дорога в Болье, и от всего Средиземного моря не остается ни одного единственного синего лоскутка; в это мгновенье вечной тьмы рассыпается в прах Париж с Дашковским, могила Александра Альбертовича, все, все, что только было, что прошло по сердцу, что запомнилось и что забылось, — все без остатка пропадает, проваливается вселенная.

Но лампа под колпачком горит тепло и светло, по чистому небу бежит чистый и ясный Млечный путь. Может быть, по небу полуночи ангел летит? Не видно; не слышно. Рояль был весь раскрыт, и струны в нем звучали. Это не цыганский романс, это — Фет, а Шурка Венцова пела это, как цыганский романс. И еще она пела: Я вас ждала, а вы, вы все не шли.

Вера вскочила с постели, остановилась босая посреди комнаты. Кто-то поднимался по лестнице (почему не на лифте?). Кто-то остановился за дверью. Сейчас зазвонит звонок. Тишина. Где-то далеко трубит рожок автомобиля. Часы под лампой отсчитывают секунды. Проходит минута. Вера не двигается, ей кажется, что она слышит из-за двери чье-то дыхание.

Ноги ее застыли, вся она от напряжения медленно холодила под рубашкой. И вдруг она услышала движение. «Нельзя же так, — подумала она, — ну, представим себе, что это сумасшедший или просто пьяный, ошибся этажом, сейчас вставит ключ и увидит, что замок не тот. Нельзя же так». Но никто не трогал замка. Прошла еще минута. И стало ясно: на лестнице нет никого. Тогда она подошла к двери, сделала над собой усилю и распахнула ее. На площадке было пусто и темно, что-то блестело в клетке лифта.

Вера вернулась к себе, накинула халат и закурила одну из папирос, забытых Дашковским, своих у нее не было. Опять в мыслях ее замелькали строчки стихов: «Но это не стихи вовсе, это Бог знает что, вероятно, — подумала она, — Я вас ждала с безумной жаждой счастья». — Она подошла к столу, где валялись пилка и кривые ножницы. — «Я вас ждала, — сказала она вполголоса, и волнение перехватило ей грудь, — а вы, вы…» и она вдруг всадила себе ножницы в руку у локтя. После чего она завязала руку платком и сейчас же потушила свет. «Задуй, пока можешь задуть».

XXII

Был двенадцатый час ночи, когда Вера вышла от Дашковских: все было в этот вечер, не так как она ожидала. Началось с того, что она сама себе не понравилась в своем новом шелковом платье, с ниткой Лизиного жемчуга вокруг шеи, остриженная и почему-то бледная. Потом ее удивило то, что Дашковские жили в центре города, на шумной улице, в маленькой, плохо проветриваемой квартире, и что была она приглашена к ним не одна — были еще гости: старый Масленников и какой-то не то литовец, не то латыш, весьма дурно говоривший по-русски. Но больше всего она была поражена женой Дашковского: она ожидала почему-то увидеть женщину молодую, похожую на ее мать самым откровенным, самым неприхотливым образом, и вдруг увидела всю в кудельках и морщинках, суетливую особу, из тех, которых в Питере в последнее время называли «гражданочками», — и благоразумного в глазах ее было очень немного.

— Веру Юрьевну я знал вот такой, — говорил жене и гостям Дашковский, опуская руку до полу и, кстати, хватая за загривок мимо крадущегося полосатого кота. — Правда, Вера Юрьевна?

Но скоро ее оставили в покое: разговор зашел о политике, о России; выяснилось, что Дашковский совершенно свободно и вовсе не глупо говорит и об этом. Один кот дремал у него на коленях, другой бродил по чайному столу, третий терся у Вериных ног. «Сколько их у вас?» — спросила она хозяйку и в это время увидела, что еще пара желтых, блестящих глаз смотрит на нее из приоткрытой двери.

В двенадцатом часу она простилась. Теперь только она заметила, как ясна и свежа эта апрельская ночь, как тихо и пустынно на улицах. Она пошла пешком. В сущности, она не знала такого Парижа, ночного, черного, в огнях. Она шла довольно долго, спрашивать дорогу ей не хотелось; чутье вело ее, и внезапно она увидела перекресток, почти площадь, до того он был широк, а в четырех углах его били седые, бесшумные фонтаны.

Нельзя было поверить, что они живые, казалось, они сделаны из стекла и стоят тут не как фонтаны, а как памятники когда-то бывшим фонтанам.

Легкие железные стулья толпились под деревьями. Вера обошла их, не решившись сесть. «Завтра утром, предположим, звонок, — сказала она себе совсем робко, — приходит письмо…» Но в ту же секунду она поняла, что это невозможно именно потому, что она это себе сейчас так ясно представила. Этого не будет. Станем думать о другом. Возьмем таксомотор. Уже поздно.

Она катила мимо, мимо, и в мысли ей шли какие-то суетливые пустяки. Например, сколько людей может она позвать к себе (столько-то стульев и столько-то кресел) — она пригласит всех, кто может сказать ей, что в таких случаях, как ее, делают, как поступают. И тогда она сделает как раз наоборот. Сюда сядет Людмила, напротив нее — Лизи, рядом с Лизи — призрак Шурки Венцовой и тень Полины (о, эта тоже может порассказать!); не забыть еще актрису, которая жила когда-то по соседству, и может быть, — чем она хуже других — жену Дашковского. Ну, мои милые, скажите теперь, что вы обо всем этом думаете, дайте совет. У каждой из вас бывало всякое, трепало вас всех здорово, выжили вы все, однако, великолепно, а вот я глупее всех и не могу… Кто из вас страдал с мужем, а кто — с любовником, одна — с мальчишкой, моложе нее вдвое, другая ревновала к хорошенькой горничной, третьей всего было мало. Все вы умные, все вы хитрые. А я что буду делать?

Таксомотор остановился. Вера вышла и заплатила; пройтись еще немного, обогнуть этот пустырь, вернуться с той стороны… Не вернуться ли вообще? Не вернуться ли ко дню отплытия? Не вернуться ли к Саму? Не оказаться ли всех умней и хитрей?

Ее охватила тревога: точно она была в доме, где начинается пожар, точно на земле начиналось землетрясение. Ей всегда казалось, когда ее било волнение, что весь мир участвует в этом, — и вот сейчас заголосят и побегут бабы от зарева прочь, кто-то начнет выбрасывать из колеблющихся стен узлы; весь город проснется и с нею вместе завопит, двинется куда-то. Весь мир — который она любила, чугунной своей любовью, и который все отворачивался от нее.

Но вот, предположим, он обернулся (со всеми своими звёздными небами и нравственными законами), он — совершенством своим — обернулся на нее и смотрит ей в глаза. Что она будет делать? Что скажет ему? Как возьмет его? Нет, не нужно, она не умеет. Оставьте меня. Я лучше вернусь, если есть куда. Кажется, есть.

Она даже остановилась на мгновенье. И вдруг дикий, весенний, почти сладкий ветер налетел на нее с пустыря и понесся дальше, сердце застучало вдруг таким порывом, таким чудом представилось Вере и собственное существование, и все, что делалось внутри нее, такая сила была в мысли о собственной неповторимости, что она засмеялась внутренним смехом над собой, надо всем, даже над тем, что это, наверное, где-то просто что-нибудь расцвело и потому так хорошо пахнет.

Все еще радуясь неизвестно чему и выметая из воображения своего все тени, все призраки, она позвонила, вошла, зажгла свет и без особого шума совладала с лифтными дверцами. Медленно подплывая к верхнему этажу, она увидела черную фигуру человека у своей двери. Только какую-то ничтожную часть секунды Вера не была уверена, кто это. И сразу же будто что-то толкнуло в грудь; лифт остановился, она вышла, при полном равнодушии и неподвижности стоящего. Скука ожидания была довольно искусно изображена на его лице.

— Здравствуйте, — сказала она, и лифт тихонько потек вниз. — С приездом. Так испугать можно.

Он снял шляпу.

— Здравствуйте. Вот зашел — немножко поздно, да чтобы вернее застать.

Она перевела дух и пропустила его первым в дверь квартиры, увидела пыль на его пальто и поняла, что он давно сидит на ступеньках.

— Когда же это вы приехали?

— Дня три.

В это время из-за обшлага его пальто, которое он не совсем уверенными руками прилаживал к вешалке, выпал железнодорожный билет. Вера подняла его и зажала в руке.

— Как Лизи? — спросила она, вводя его в комнату.

— Кланяется, — коротко ответил он. Он вдруг взглянул на нее, чтобы что-то еще сказать, и лицо его мгновенно переменилось, он отступил.

— Что вы с собой сделали? Какое уродство! Вы остриглись. И что это за платье на вас? Оно вам совершенно не идет.

Но она побежала на кухню, закрыла дверь и там взглянула на свою находку. Билет был продан в Ницце вчера... Тогда она прислонилась к стене, перевела дух и закричала:

— А все находят, что мне так очень хорошо.

Она вернулась в комнату.

— Вероятно, те, с кем вы по ночам гуляете?

Она села напротив него и молча принялась на лежавшей на столе газете что-то чертить огрызком синего толстого карандаша.

— Зачем вы приехали? — спросила она, не поднимая головы.

— Я приехал по делам. Я службу получил.

— Если и это неправда...

— Нет, это правда. Можете окончательно перевести меня в разряд людей, умеющих устраивать свои дела (как в тот день, помните, когда я научил вас лепить марку на конверт). Я устроился, как картограф.

Ах, тот день! Вера без смеха не могла его вспомнить. Они

вышли с почты, Карелов лизнул угол конверта и прилепил марку. Она остолбенела. Она всегда бывала в нерешительности: слюнить ли палец или взять в рот клейкую марку? И вдруг все оказывалось так просто: надо было только лизнуть конверт. Она стояла, открыв рот, смотрела, как он запихивал письмо в ящик.

Теперь она смеялась, вспоминая это, и все водила карандашом.

— Не шевелитесь. Я начала нос.

— Что?

— Я начала рисовать ваш нос. Надо же что-нибудь делать, иначе я засну. Я привыкла ложиться рано.

— Послушайте, — сказал он после недоуменного молчания, — вы меня совершенно ни во что не считаете?

— Я? Я очень вас считаю. Особенно, когда вы врете, вы меня вдохновляете. Спросите меня тоже о чем-нибудь.

Он думал недолго.

— Вас провожал кто-нибудь сейчас? Где вы были? С кем? Вспоминали ли обо мне? Как вспоминали? Что сейчас думаете о моем приезде? О моем приходе ночью? Как думаете, когда я уйду? Как себе представляете завтрашний день?

— Довольно, довольно! Давайте, лучше помолчим. Она положила локти на стол и сидела долго, закрыв лицо руками. Он был напротив, он сидел через стол. Ей не нужно было смотреть на него, чтобы видеть его лицо — оно было в ней, она носила, и возила, и таскала его с собой, в себе: веселый, всегда веселый рот и задумчивые глаза, молодой, гладкой, высокий лоб и над ним — тонкая, узкая прядь седых волос. («С двадцати лет, клянусь чем хотите, — сказал он однажды, — а вовсе не от старости». И вытащил тогда же паспорт и показал: родился 8 августа 1895 года, в городе Саратове. Она запомнила.)

— А еще просил вам кланяться Федя, — сказал Карелов, закуривая, — он так и сказал: поклонитесь моей Верочке. Зачем вы это сделали?

— Что именно?

— Зачем он вам был нужен?

— А! Вот вы о чем, — она вытянула руки на столе и соединила их далеко от себя. — Видите, у меня в жизни было немного чего, но все, что было, всегда начиналось необыкновенно: я дружила, я любила, я сходилась — все эти слова не совсем подходят к тому, что случалось, — с людьми, которые как-то удивительно попадались мне под ноги: в первый раз я нашла человека под деревом, он лежал в снегу... Во второй раз я ошиблась, приняла одного за другого... А Федя — это для того, чтобы доказать самой себе, что на свете все очень просто. Такие мужчины, такие женщины должны существовать и попадаться нам на дороге. С ними ничего не странно, ничего не стыдно, они ничего не помнят и не напоминают другому. Я уверена, что до меня у него был роман с Лизи, и все случилось с ее согласия.

— Наше знакомство с вами началось очень банально.

— Да. И потому хорошо.

— Что хорошо?

— Все.

Карелов долго смотрел на Веру.

— Это вы когда придумали, сейчас?

— Наше знакомство с вами началось очень банально.

— Да. И потому хорошо.

— Что хорошо?

— Все.

Карелов долго смотрел на Веру.

— Это вы когда придумали, сейчас?

Она улыбнулась ему так, что все его лицо затрепетало.

— Нет, я это думала всегда.

Карелов встал и прежде, чем он сделал первый шаг в ее сторону, она встала тоже и почувствовала, что этот круглый стол станет сейчас ее обороной. Стол стоял между ними, на нем — пустая ваза желтого стекла.

— Почему, собственно, вы уехали? — спросил Карелов, дотрагиваясь рассеянно до вазы. — Ведь вы уехали от меня.

Ей захотелось кинуться к нему, прижаться щекой к его щеке, сказать ему безрассудные, бесповоротные слова, дышать его дыханием, чувствовать грудью тепло его груди, но вместо этого (так надо, так надо!) она тоже тронула рукою край желтого стекла и сказала:

— Не знаю. Мне всякий раз кажется, что тут еще живет дыхание того человека, который выдул эту штучку.

Он молча смотрел ей в глаза, и она чувствовала, как через короткие промежутки времени — пять-шесть ударов сердца — глаза его опускаются все глубже в ее глаза, и еще, и еще, и вот сейчас он дойдет до дна, если оно только есть…

«Когда он опрокинет этот стол и эту вазу, — думала она краем мысли, — будет ужасный грохот».

Карелов все смотрел, внезапно он одной рукой взялся за край стола, другой схватил Веру за руку. Раздался звон разбитого стекла.

— Вы разбили штучку с дыханием, — сказала она, силясь улыбнуться, но лицо ее не послушалось, и она вырвала руку.

XXIII

Она слишком много в жизни кидалась — от счастья, от жалости, от любопытства, от молодости... Теперь довольно. Вырваться отсюда и тихонько за дверью поблагодарить Бога за то, что она уже больше не тот голодный, дикий, одинокой ребенок, такая некрасивая, толстая девочка, ничем не болеющая, всему радующаяся... За то, что в нужный момент (почему нужный?) неизвестно откуда, из каких-то животных ее корней, вырастает в ней знание, что делать, как поступать, как вырвать руку из руки Карелова — милой, грубой руки его, что ему сказать.

— Теперь прощайте, спокойной ночи. Вот ваше пальто, вот шляпа.

Он берет и то, и другое под мышку, останавливается перед запертой дверью в Лизину комнату.

— Кто здесь живет?

— Здесь стоят вещи Лизи.

— Покажите.

Она отпирает дверь.

Холодно; пахнет нафталином, в потолке горит лампочка. Все укрыто чехлами, окно занавешено простыней. Большой кованый сундук с горбатой крышкой стоит посреди комнаты. Вера садится на него.

Карелов стоит перед ней какой-то ошеломленный, он не садится с ней рядом, он продолжает стоять, и вдруг говорит:

— Мне хочется быть счастливым. Мне хочется ни в чем не сомневаться, не стыдиться за то, что мне лучше всех на свете, не

127

казниться за то, что другим плохо. Я хочу счастья. Чтобы в первых словах моей встречи с вами не было уже заключено будущее прощание. Я хочу не «покоя», не «воли», я хочу самого счастья.

Он медленно приблизился к ней, не с давешним порывом, а так спокойно, так просто, как будто все, с начала их знакомства, до самой их смерти, должно было быть банальным. Он сбросил на пол пальто и шляпу, положил обе руки ей на плечи — легко и свободно, не сжимая их, не тяготя ее объятием. Она подняла к его лицу свое лицо с полными чувства глазами и плотно закрытым ртом. Он медленно провел своим лицом по ее лицу. Он не целовал ее. Еще раз, еще. Потом, когда она ослабела в его руках, он перегнул ее назад, так, что голова ее свесилась и волосы коснулись пола, а тело неподвижно лежало поперек горбатого сундука. Будто забавляясь ее гибкостью, он нагнулся над ней и поцеловал ее. Она закрыла глаза. Он выпустил ее сейчас же, поднял с пола пальто и шляпу и, хлопнув входной дверью на весь спящий дом, побежал по лестнице. Она вскочила за ним, добежала до двери умолять его вернуться, если надо — крикнуть, обещать ему все, что он хочет, чего хочет она сама: не «покоя», не «воли» — счастья, самого настоящего, невозможного. Она добежала до двери и вдруг остановилась: ей опять, как тогда, показалось, что Карелов поднимается к ней по лестнице, и, она поняла, что его надо не пустить.

Почему она это понимала и что обо всем этом знала? Когда случилось с ней это обновление и уверенность, что «если мир обернется лицом» (своим совершенством), не надо брать его, не надо решать, как именно брать, а надо не даваться ему, устраняться от него, сопротивляться ровно столько, сколько нужно, чтобы еще лучше и крепче быть взятой им? Не кидаться, с голодными, дрожащими глазами, когда сердце разрывается от любви ко всем, но равнодушно смотреть мимо, молчать, притворяться — может быть, всего один единственный вечер, — но обороняться, вот чему научилась она, чего достигла маленьким своим опытом.

128

Она теперь стояла у окна. Небо было похоже на темную воду с облачно-лунными, неподвижными разводами. Она не знала, что сказать и кому сказать, и что сделать с собой. Мысль о том, что Карелов приехал, что он приехал к ней, что он любит ее, что она накануне неизвестного, чудовищного блаженства, которое следует непременно оттянуть, — и тем самым приблизить и упрочить, — мысль эта занимала сейчас всю ее, шевелилась в ней, почти ощутимо жила и трепетала. И все соединялось сейчас — непостижимо, неразложимо, все, что было в ней разъединено до сих пор: словно северные боги неслись навстречу южным богам все соединялось и падало друг в друга. Все шепоты, все неповторимые разговоры у Громовской биржи в шестнадцать лет, когда тряслась под ней земля, и дикое, голодное желание верности и доброты, которое ее бросило под ноги Александру Альбертовичу, и веселое, пустое счастье, которое иногда мелькало в объятиях Феди, и даже тот темный, новогодний час в Шуркиной квартире — всему этому теперь шло разрешение и утешение, все это находило себе место в ее любви к Карелову. И вместе со всем этим, — как никогда прежде, — воскресало сознание не уходящего, не ускользающего, а присутствующего и длящегося счастья.

А небо тянулось без конца, опрокинутое тьмою над городом. И город не был бедой, крестом, данным людям, а тем же самым кружевом, что и облака. Далекий свист поезда прорезал воздух, казалось, сейчас будет слышно, как застучат колеса, как пройдут вагоны... куда? Ну, конечно, на юг, но не в Ниццу, а дальше, в Италию, может быть, в Сицилию, может быть, туда, где Гектор Сервадак откололся с куском земли и понесся со свистом в пространство. У Жюль Верна.

И вот они поедут с Кареловым куда-нибудь, конечно, недалеко и третьим классом, так что будут ныть лопатки от сидения на жестком. Будет холодное утро, но они откроют окно. И это будет не юг, а север. А где-нибудь, где лед... Чтобы вместе стоять и смотреть — на ветру, на жгущем горло ветру — как идут друг по другу льдины. Синий ветер будет швырять ей в лицо пряди этих остриженных волос.

Мелкий дождь моросил по утру, когда Вера проснулась. И ничего больше не было видно с ее капитанского мостика — только одна густая, влажная весенняя дождевая вуаль.

XXIV

Вера никогда никого не спрашивала: кто такой Карелов, откуда он, что делает, как живет? Она знала о нем только то немногое, что он сам о себе рассказал. В Ницце его мало кто знал, он не принадлежал к тому кружку русских, который собирался у Лизи. В первый раз Вера встретилась с ним у знакомых — русских, конечно, потому что Лизи терпеть не могла французов. Впрочем, Лизи больше любила принимать у себя, а сама почти никуда не ходила, посылала вместо себя Веру, иногда даже — к удивлению ее приглашавших людей — Федю… В тот первый вечер Карелов проводил Веру до дому, а через месяц это повторилось опять. И в этот раз ей было почему-то приятно идти с ним рядом, в ногу, и даже было интересно, потому что он рассказывал что-то любопытное, — но не о себе.

Тут выяснилось, — когда они остановились на каком-то углу и Карелов, с прутиком в руке стал чертить какие-то воображаемые линии своих путешествий (он был моряком) — тут выяснилось, что он был и в Сайгоне, и в Архангельске, и в Беринговом проливе: плавал с учебным судном вокруг света. Вера, смеясь, призналась ему, что в детстве больше всего любила пожарных и матросов: пожарных за каску, матросов за все, что о них сочинено.

Придя домой, она увидела, что Лизи, полураздетая, лежит на

диване, а Федя дремлет в кресле, вытянув непомерной длины ноги (казалось, они у него начинаются под мышками), в ярких трехцветных башмаках. Он сейчас же открыл близорукие глаза — они у него были на выкате, а нос курнос и короток, как у ребенка.

Вера стала щипать виноград на блюде, а Лизи, ворча и запахиваясь, таща за собой подушку, книгу, плед, отправилась наверх. Когда ей нездоровилось, она не думала этого скрывать, всем жаловалась, не одевалась, три дня не вставала с диванов. Вера никак не могла примириться с этим: для нее такие дни всегда бывали днями особенной уверенности в себе и обновлении. Она стыдилась признаться в том, что их ждет, любить и жалеть тех, кто не ощущает их, как она.

Вера стала щипать виноград на блюде, а Лизи, ворча и запахиваясь, таща за собой подушку, книгу, плед, отправилась наверх. Когда ей нездоровилось, она не думала этого скрывать, всем жаловалась, не одевалась, три дня не вставала с диванов. Вера никак не могла примириться с этим: для нее такие дни всегда бывали днями особенной уверенности в себе и обновлении. Она стыдилась признаться в том, что их ждет, любить и жалеть тех, кто не ощущает их, как она.

Ночью Вера думала о Карелове.

Потом Лизи пригласила его: «Он совсем не боэма, — сказала она, — и, кажется, у него семья, жена…» Карелов пришел. Пришел также барон Н. А Федя заночевал, как бывало и раньше, и ночью поднялся к Вере — не особенно осторожно: половицы скрипели вовсю. В ту ночь он без конца рассказывал ей свои прошлые похождения; они потушили свет, и она лежала в темноте, красная, потная от волнения, слушая его рассказы.

С двенадцати лет: подруги матери, двоюродные сестры; учительница школы в Херсоне (уже с проседью), прачкина девчонка, актриса в Константинополе, подавальщица в

131

ресторане, иностранка в поезде, ее горничная, уличная девушка в Марселе, другая, третья. Семьдесят две женщины и столько-то галстуков (три года вычесть на войну, когда ходил в гимнастерке), Монте-Карло и ниццское дно. Она слушала. Он лежал поперек постели в шелковом халате, с толстым перстнем на изящной руке — герой какого-то модного, светского романа. Ноги ее коченели, а лицо горело; она все не отпускала его, боясь остаться с этими рассказами одна. Француженки, негритянки, еврейки, русские. «Да, да, были и русские, вот вроде тебя…» Она тушила свет, она не смела смотреть в его лицо, а голос продолжал еще, еще, пока не умолкал наконец — она засыпала, а узкая рука из запрещенного когда-то романа продолжала отводить папиросу и снова приводить ее к губам, черным в темноте.

Мысли не было о том: что она ему? Он был ей ничем, только навязчивым сном, — а днем она не отличала его от стола и стула, иногда, когда он слишком шаркал ногами или ронял папиросный пепел, она кричала ему что-то сердитое, что-то на «ты», и выходило, как к брату. Иногда, особенно утром, ей делалось почему-то противно, глядя на себя раздетую; она садилась, голая в кресло и остывала от ночи…

Ни о жене, ни о дочери Карелов никогда не упоминал. И однажды (в это время Федя уже окончательно переселился к ним в дом) Вера спросила его: живет ли он с семьей или один.

— Один. Семьи у меня нет.

Этой зимой стояли на всем побережье холода, с ветром и градом, с дождем, заливавшим потоками улицы; море вздувалось и шло на берег. И вот однажды Карелов и Вера вышли на дорогу смотреть автомобильные гонки. Шел дождь — давно уже, и все было мокро. Из-за далекого поворота, где еще был город, временами доносился рев толпы, а здесь, у дороги, стояло всего несколько мокрых прохожих, несколько неподвижных зонтиков. Над колесами гоночных машин с

132

шипением взлетали водяные смерчи, оголтелые гонщики резали воду и воздух.

— Вы не думаете, что есть люди, которым нельзя безнаказанно друг с другом встречаться? — спросил Карелов, а она все смотрела на дорогу и считала машины: седьмая, восьмая, девятая.

— Да. Наверное.

— Что-то должно произойти.

— Да.

Десятая, одиннадцатая. Двенадцатую занесло, но она выпрямилась и помчалась дальше. «Зачем он это все говорит?» — подумала она.

— Вы понимаете, когда говорят, что счастье, как воздух, его не чувствуешь? — спросил Карелов, беря ее за руку.

— Нет. Кажется, нет.

— И я нет. Я думаю, если бы у меня было счастье, я бы все время его чувствовал, я бы хотел его чувствовать. Я бы никогда не согласился к нему привыкнуть.

— А оно у вас было? — спросила она и вдруг зашагала к дому.

— Ну, конечно, нет, — сказал Карелов, идя за ней, и с диким жужжаньем мотора промчался еще один гоночный автомобиль.

— Я чувствую счастье иногда, как удушье, — сказала она у самого дома. — Но главный секрет…

Он остановился.

— Главный секрет, это понять, что одна я на свете незаменима, а все остальное можно подтасовать.

Она пошла по саду, в гору.

— Это не так, — сказал он.

Она сделала движение рукой, не оглядываясь.

— Это не так! — настойчиво, с силой повторил он. Но она скрылась в доме.

В тишине нижнего этажа было слышно, как Лизи листает в гостиной страницы модного журнала, разговаривает с черненьким своим шпицем. Вера прошла к себе, и в раннем комнатном сумраке стала расчесывать волосы. Что-то затрещало под гребнем, и искры с сухим, коротким звуком посыпались во все стороны.

Федя уже сидел на подоконнике, и широкие его брюки хлестали по худым, качающимся ногам. Федино присутствие, само его существование показалось ей в эту минуту бессмыслицей. И все, что было между ними, было вовсе не так уж весело и мило — сейчас ей кое-что показалось в этой близости тоскливым и отвратительным. А ночью ее дверь оказалась запертой. Федя пошумел в коридоре и съехал вниз на перилах, посвистывая.

Молчание. Долгое молчанье. И потом решение: ехать в Париж: «Не сердись, Лизи. Федечка, хотите со мной перейти на «вы»? Так никто не делает, а мы сделаем. Прощайте, Федечка. До свидания, барон. (Лизи, а ведь ты за барона замуж выйдешь, я это чувствую). Ох, в Париже сейчас наверное очень гадко».

Так отрезался кусок Вериной судьбы. Участвовали в этом два чемодана, зонтик, кулек с персиками, обер-кондуктор под окном, дама с собачкой, сидящая напротив: сообщники Вериного бегства от Карелова.

XXV

Он был здесь, в том же городе, на той же улице, что и она, и к этому она довольно долго не могла привыкнуть. Он приходил, она открывала ему; на завтрак непременно бывали сардинки, которые она откручивала длинным ключом, всякий раз удивляясь, почему в это время не играет музыка, как в музыкальной шкатулке. И за завтраком ею делались маленькие странные открытия касательно той радости, которую доставляло ей его присутствие: прежде всего ей необыкновенно чудно делалось на сердце, когда она смотрела, как он ест. Почему? Во всяком случае, готовить она не умела, и это не было от хозяйственной гордости за купленные в лавке сардинки. И ничего материнского тоже не было в этом чувстве: мысль о пользе съедаемого никогда не приходила ей в голову. Ей нравилось смотреть, как он кладет себе в рот кусок самого обыкновенного бифштекса, как жует его, как глотает. «Вы голодны?» — кричала она ему, как только он входил. «Ужасно», — отвечал он, и от радости она теряла голову. И все, что он делал и говорил, было такое милое и обыкновенное; но и она была обыкновенная, и все, что было с ней, было тоже обыкновенным, — необыкновенное, может быть, было отложено кем-то (не ею ли самою?) на после, на какие-то грядущие сумерки, а сейчас жизнь шла просто, как сердце стучит.

Потом ей нравилось — и это было так глупо и смешно, что она, вероятно, никому бы в этом не призналась, — мыть его тарелку, его нож и вилку, и почему-то особенно — его ложку. А чашку его, из которой он пил чай, она оставляла на потом, и когда он уходил, сама пила из нее чай. Однажды от его телячьей отбивной котлеты осталась кость, и Вера поцеловала ее, прежде чем выбросить.

И еще; однажды у него за едой выпала из зуба пломба, и он

135

попроси позволения пойти в ванную и выполоскать рот. Она слушала, затихнув, как он полощет зубы и выплевывает воду, и когда он вернулся, она сказала, что... впрочем, она ничего не сказала, а только хотела сказать, что готова слушать его вечно.

Он приходил ежедневно. Он сказал ей правду: он устроился в Париже на службу в картографическом заведении — не хуже и не лучше многих других. И вообще, — он был, как все. Веру это очень радовало, она тоже была, как все, она была «никто», и теперь их сближение тоже было не каким-нибудь особенным, а обыкновенным: он приходил завтракать, потом в шесть часов, когда он кончал работу, она приезжала за ним, и вечером, провожая ее домой, он поднимался и оставался, пока она не ложилась.

Чем ближе и теснее подходил он к ней, тем яснее она видела, что последняя с ним близость будет единственным возможным завершением того, что началось при первой встрече, что все, что волновало ее при мысли о нем, или при нем самом, все это той же природы, как и телесная ему принадлежность. Он торопил, она оттягивала этот обреченный час — каждый вечер приближал ее к нему, и она сопротивлялась уже из бессознательного желания не уторапливать судьбы, пока с оглушительным сердцебиением, в полуобмороке, с долгим ознобом блаженства, не стала его.

В прихожей горел свет, здесь, в комнате, в полумраке, на кресле лежала одежда, штора надувалась и опадала в окне; Карелов лежал на боку, подпершись рукой, она смотрела на его веселый рот и иногда трогала слабыми пальцами его губы, его шею. Обоим хотелось молчать. Она не видела своего лица, но его лицо было до такой степени необычно, так светилось оно в сумраке, что казалось, что оно само излучает бледный, живой, еще неоткрытый физиками, свет.

И было в этом лице («а, значить, и в моем лице», — думала Вера) что-то совсем новое, что-то никогда до сих пор не появлявшееся и впервые Верой вообще увиденное в человеческом лице, — было выражение рабской принадлежности ей, полной в ней растворенности, окончательной преданности. «Почему он так смотрит? Ведь он хозяин всего, а я только раба его, — думала Вера. — Ведь он и сам знает, что повелевает он, а покоряюсь я, почему же он может на меня так покорно смотреть, при такой власти?»

Но Карелов не менял выражения своего лица и все продолжал смотреть на Веру и думать это же самое: почему, когда она хозяйка всего и распорядительница его жизни, когда все, что есть — от нее, через нее, из нее, — она смотрит так рабски в его глаза? Почему? Словно ждет, ловит его мысль, каждое его душевное движение — когда все мысли, все душевные движения — она сама.

Они не могли сказать друг другу об этом и не знали, что думают об одном и том же, но обоих удивляло, смущало и радовало это соединение страшной силы — человека над человеком — со слабостью, этой власти и этой покорности.

Потом она откинулась от него, и от полноты возникшего в ней волнения несколько слез выпало у нее из глаз. И сразу после этого наступила почти озорная веселость, босыми, стройными ногами протопала она в кухню и выжала два апельсина в стакан. Потом был хохот, искание спичек по столам и карманам, папиросный дымок, понесшийся в прихожую, к свету. Опять объятие, — долгое, полное шепота. И, наконец, сон.

В первый раз в жизни, — да, в первый раз! — она была не одна, и не потому, что рядом лежал кто-то, кто был с ней во все тесно бегущие мгновения, а потому, что тот, мельком брошенный когда-то взгляд извне на мир — лежащий по другую сторону чего-то, как бы напротив нее, запомнившийся торжественный и чудный миг на рассвете, сейчас был ей возвращен — и уже не на минуту, не на две, а на целую жизнь. В этом соединении с этой вселенной, перелившейся в нее, было все, что можно и чего нельзя вообразить: что-то бессмертное и грустное за раз, что-то обреченное и счастливое, как сама молодость. Она не одна была в объятиях Карелова — теперь с ней была вселенная, которая любила его вместе с ней.

— Скорее свет! — сказала она, чтобы еще увидеть его лицо, совпасть воображением с действительностью. — Я не знаю, почему мне страшно тебя. Именно тебя. Но как же я люблю тебя!

И это было окончательной ее мыслью.

«И это все мне, мне одной. Вся жизнь моя — мне, и он мне, и вообще — сколько всего кругом!» — думала Вера, идя рядом с Кареловым однажды вечером по улице и чувствуя, что сегодня — вот сейчас — начнется разговор, который Карелов несколько раз откладывал и который нисколько ее не беспокоит, потому что никакая сила в мире не может сделать ее счастливее, чем она есть. Они были недалеко от дома, шли по краю города, где мостовая была разрыта, где иногда — в теплый вечерний воздух — дышал холодом недостроенный дом.

Они сели за круглый столик на террасе маленького кафе. И Карелов, положив руку ей на обе руки, заговорил — чуть скорее и тише, чем обычно.

Да, он был женат. Разве сама она не сказала когда-то: «такие женщины, такие мужчины должны существовать»? Это и было такое, пропавшее через три месяца совместной жизни чувство. Лет восемь тому назад. Она была молоденькой девушкой, похожей на цыганку; сейчас она… Впрочем, он не видел ее больше двух лет; не видел дочери, которую она увезла с собой. Вера смотрела на женщин шедших мимо.

— Помните белые ночи? — спросила она.

— Конечно.

— Хорошо было говорить в белые ночи.

Женщины шли разные — старые и молодые, одинокие или под руку с мужчинами (у всех мужчин с некоторых пор для Веры были либо зверские, либо бараньи лица); и Вере казалось, что ни любопытства, ни ненависти, ни жалости она не чувствует к матери кареловской дочки, что она куда-то ушла от человеческих естественных чувств к себе подобным.

— Вы любили ее? Какая она была?

— Взбалмошная. Писала мне письма, сумасшедшие письма. Писала их еще тогда, когда мы вместе жили. Я покажу вам.

— Не надо. Не хочу… А девочка какая была?

— Девочка… Да вот вроде той, что бежит. Умная, дерзкая. Хоть с полицией, а разыщу их, найду. Деньги посылал по старому адресу, но деньги вернулись. Найду дочку — покажу вам. Хотите?

— Не знаю, — отвечала она искренне.

— У жены любовники были. С одним она и ушла. Я его встречал потом, она и от него ушла.

— Но это была ваша дочка?

— Да, тогда это была моя дочка.

«Неужели и это кончится, — думала Вера, — и он будет сидеть так в каком-нибудь городе, с картонной декорацией заходящего солнца за спиной, и рассказывать обо мне, и слова будут шуршать, как прошлогодние листья, как старая бумага в ящике стола, как шуршит — мертво и скучно для меня — все его прошлое с другой».

— Что же осталось? — спросила она и посмотрела туда, где низко, в темнеющем небе, бледная и большая задрожала звезда.

— Обида. И немножко на совести что-то. И неисправные документы.

— Ах, вот что! Так не думайте больше об этом. («Не надо обращать в его сторону нахмуренного лица, даже самых малых душевных сил нельзя тратить на что-то, что не сама любовь», — думала она).

Они пошли по улицам, нарочно делая какие-то петли и круги, чтобы еще подышать этим вечером, который обещал стать звездным и чистым, и у Карелова было такое чувство, будто они сегодня вместе перешагнули через что-то, что еще лежало между ними, — так дружно перешагнули, так крепко держась за руки и так после этого товарищески верно и беззаветно взглянули друг другу в глаза. А то, что было до этого у обоих, уносилось, пропадало, очищалось, со всей разрушительной силой, на которую только способна человеческая память, оно рассыпалось, и будущее вилось над ними, как этот Млечный путь, похожий на обрубок человеческого торса. И внезапно какой-то темный угол озарился в Вериных воспоминаниях: она когда-то не могла припомнить одного евангельского стиха, который брезжил и не давался мыслям, а Евангелия у нее не было. В день выпуска, в то вольнолюбивое время, не зная, что с ним делать, она отдала его Шлейфер (православным ученицам было оно роздано в голубеньком картонном переплете). С тех пор Евангелия у нее не было. Сейчас не весь стих, но смысл его с отчетливой ясностью, с какой-то счастливой болью припомнился ей: Блаженны… Блаженны все: и жаждущие, и кроткие, и нищие, и я, и он, и все. Блаженны… Господи, до чего это хорошо!

— У вас есть дома Евангелие? — спросила она Карелова. — Мне хочется там кое-что посмотреть.

— Евангелие? Кажется, есть. Только очень рваное.

Она подождала у двери его дома, и он снес вниз целый чемодан: книг, писем, белья, старых сапог, — словом, полного своего бродячего хозяйства. И они долго разбирались в нем в ту ночь, и так как у нее в квартире не было каминов, то письма они жгли в плите, не разрывая, не комкая их, но аккуратно кладя по два, по три в огонь. Оба сидели на полу, и в его простодушии было что-то, что пугало и поражало Веру. Выходило так, что она, не раскрывшая своих ящиков и ничего не сжегшая, была скупее его.

— У меня есть одно письмо, — сказала она осторожно. — Я думаю, его лучше сохранить. Там сказано про жизнь, что это… Очень грубо сказано. Отчаянное письмо.

И про тебя там сказано, приблизительно, конечно, но тоже грубо. Про тебя будущего.

— Расскажи мне все.

— Когда-нибудь.

— Нет, сейчас.

— Нет, нет. Только не сейчас. Тебе будет скучно. Это — детская история.

— Сейчас, или я суну руку в плиту.

И как всегда — этому тоже научилась она недавно — чаще, чем когда они были в согласии, в их споре возникал тот стремительный, искажающий их лица ветер, который уводил их к поцелуям.

XXVI

Они ехали — но вовсе не туда, где сверкал в вечной своей красоте тот край земли, о котором когда-то рассказывал ей Сам

141

и куда ей так долго хотелось уехать, — они ехали в дачном поезде за город, в одно из летних воскресений.

Поезд шел подрагивая, выбираясь из рельсовой паутины, а рядом с ним, то слегка отставая, то нагоняя его, тем же путем шел курьерской, дальний, еще не разогнавший свою скорость. И Вера видела, как в спальном вагоне первого класса, аккуратный старичок, сам улыбаясь себе в белоснежную бороду, искал что-то среди серебряных пробок раскрытого несессера; как рядом с ним, в следующем отделении, молодая женщина, сидя по-турецки, курила и записывала что-то в книжку, наморщив лоб; как еще дальше господин с дамой, шатаясь и держась друг за друга, распутывали какой-то шнурок. Потом курьерской пошел быстрые, мелькнул второй класс, где тесно сидели люди, потом — третий, где склабился в окне матрос, и вдруг произошло какое-то торможение (а дачный все шел себе и шел) и замелькало все в обратном порядке: господин с дамой распутали шнурок, и теперь она его сматывала, женщина, сидящая по-турецки, клала в рот круглую конфету, улыбающийся сам себе старик что-то капал в ухо. Шатнулся потный повар в окне вагона-ресторана, озаренное красным светом полыхнуло лицо машиниста, и вдруг — свист, и курьерский дернулся куда-то — и опять побежали одно за другим те же окна, те же лица, и вдруг все исчезло. Открылась даль.

— Хорошо бы и нам с тобою так, — сказал Карелов, мотнув головой в сторону курьерского.

Вера взглянула на него.

— Совершенно разучилась завидовать и желать. Ну, не все ли равно: куда и как?

Он отвел глаза, словно она слепила его словами. Когда он снова обратился в ее сторону, она не смотрела на него и чистила апельсин, и улыбалась сама себе. Она думала о том, что в эти недели она не то, чтобы отупела, а стала как-то менее

142

чувствительна к тому, что вообще делалось в мире вокруг нее, и к самому миру, а улыбалась она потому, что знала, что это пройдет, а то, что за этим придет, будет, наверное, еще лучше.

Он не старался угадать, чему она улыбается. Коли улыбка — значит, есть чему. Ее улыбка все меняла для него, и Вера с щедростью обращала к нему эту улыбку. Но он был озабочен сейчас тем, как бы остатками здравого смысла взглянуть на нее со стороны, увидеть ее такой, какой видели ее соседи по купе, кондуктор. Он искал в ее лице, в ней самой, того, что раньше в женщинах бывало ему неприятно: суетливости, черствости, какой-то — мгновениями — скучной непроницаемости. Искал и не находил. Все в Вере казалось ему прелестным. А главное, чего он до сих пор не мог себе представить, было её, с вечной для него новизной, равновесие — ее «головокружительное равновесие», как он определял про себя, словно покои и постоянство счастья, которые исходили от нее, уравновешивались страстью, бесстыдством и исступлением, которые он в ней знал; словно вся она, со своим здоровым, верным телом и любящей душой уравновешивала целый мир злобы, болезней и тоски.

— Пожалуйста, не смотри так ласково на кондуктора, — попросил он. И она сейчас же стала смотреть в окно. Но она больше не могла смотреть иначе, и он это знал.

Стараясь не ступить на ноги пассажиров, она выходила в коридор и потом опять появлялась у двери, а ему в эти минуты, что ее не было, казалось, что она выпала из поезда. Опять все становилось на свое место, опять начинал он жить, то есть догадываться о ней, любоваться ею, обдумывать ее.

— Так о чем это я? — спохватилась она, — ах, да. Но тебе не может быть это интересно. — И она села на свое место.

— Если тебе станет скучно, ты скажи. Это, знаешь, было и прошло, а что с прошлого спрашивать?.. Он появился однажды перед вечером… Вообрази себе петербургскую мещанскую

143

квартиру. Сумерки. Я вхожу с мороза… А в нем было что-то такое иностранное. Нет, не могу тебе это передать.

Она уже несколько раз пыталась рассказать ему про свою жизнь с Александром Альбертовичем.

— Он любил тебя? Ты любила его? Почему ты вышла за него? Как он умер?

— Тише, тише. Он появился перед вечером… Смотри, какой лес. Нельзя ли нам туда?

— Мы туда и едем.

— Однажды, в морозный день, в сумерках…

Теми же словами. Когда это было? Теми же словами начинала она уже однажды в жизни такой рассказ. Когда? Где? Сидя перед камином, одна, в день смерти Сама, когда так хотелось кому-нибудь рассказать о нем. И вот кончилось еще что-то, и опять начинается повествование. И неужели еще когда-нибудь сядет она напротив кого-то, и опять разовьется свиток: его фамилия была Карелов, не через «о», через «а». Это было далеко отсюда, в тысяча девятьсот двадцать каком-то году… Неужели может случиться, что она будет без него?

— Как это ты сказал однажды: чтобы в первой встрече не было заключено будущее прощание?

— Я это сказал? Когда?

— А может быть, мне это показалось… Как же возможно, чтобы не было прощания? Если бы были только встречи, без прощаний, не было бы музыки, стихов.

— Пусть не будет ни музыки, ни стихов.

Она рассмеялась.

Когда они вылезли и пошли лесом, начинавшимся от самой

станции (маленькой, кирпичной, где один и тот же служащий продавал билеты, отбирал их, махал машинисту, подавал ящики в товарный вагон), когда они вошли в лес, где было жарко и сыро, где жесткая, совсем еще зеленая ежевика росла стеной, а верхушки дубов дрожали и текли в солнечном разливе, Вера сказала, что не помнит, когда в последний раз была в лесу, она даже забыла, что бывают леса. Правда, это было так давно! Может быть, это было еще в детстве. А главное, она никогда ни с кем не была в лесу вдвоем, не была в поле, на речке. Она никого не знала, кто бы это любил, кто бы позволил ей вот так остановиться и прислушаться, — ни к чему, или вздохнуть несколько раз — ни о чем. Дорога поднималась в гору и темнела, уходя.

— Там не страшно? — спросила она, улыбаясь своей широкой улыбкой и в эту минуту и в самом деле становясь похожей на мать.

— Не знаю. Мне не страшно. Мне даже тебя не страшно, — отвечал Карелов, нарочно удерживаясь, чтобы не взглянуть на нее.

— А мне вот тебя страшно, — ответила она серьезно. Все пенилось в ней, когда она это сказала, от чувства жизни, от чувства счастья, и она знала, что он знает, что все в ней пенится. Тихонько подойдя к нему, она приблизила свое лицо к его лицу, общими руками между его и своими глазами сделала щиты, так, что могло показаться, что сейчас ночь и они в темноте, и долго смотрела молча в его глаза. Ей хотелось сказать, что несмотря на то, что эта дорога вьется в гору, кругосветное путешествие окончено; что она всю жизнь думала, что она счастлива, но что на самом деле она была очень несчастна; что ей, хочется всегда, без конца быть с ним — и даже чтобы он этими руками, которыми ласкает ее, когда-нибудь закрыл ей глаза; ей хотелось сказать, что она знает, что и он хочет того же. И еще ей хотелось сказать — и это-то больше всего волновало ее — что в поезде ее тошнило, что она беременна.

Но она не сказала ничего, потому что, когда она стояла так близко от него, у нее не было голоса.

1936–1938

www.ingramcontent.com/pod-product-compliance
Lightning Source LLC
Chambersburg PA
CBHW010809250626
47156CB00010B/3053

9 781636 378978